Lo que diferencia a Sheila Gregoire de tanto [...] intimidad sexual en el matrimonio es que ella [...] principalmente para el marido o la esposa; es para la *pareja*. Día a día, ella guía a las parejas a la abundante tierra prometida de la intimidad sexual, que alimenta todos los aspectos de la relación matrimonial. Partiendo desde una cosmovisión cristiana, con la comprensión práctica y las advertencias que provienen de la interacción diaria con otros creyentes que luchan y prosperan en esta área de su relación, Sheila escribió una guía útil, alentadora y práctica para las parejas que quieren florecer donde anteriormente solo se esforzaban por experimentar una renovada intimidad sexual.

GARY THOMAS, autor de *Matrimonio Sagrado* y *Valorar*

Si quieres llevar tu vida sexual al siguiente nivel, has llegado al lugar correcto. Sheila habla con franqueza y ofrece pasos prácticos para una intimidad más profunda de una manera que pocos lo hacen. No solo aprenderás a apreciar la intimidad sexual, sino también a disfrutarla en serio.

DEBRA FILETA, autora de *Love in Every Season*, creadora del sitio TrueLoveDates.com

Cuando se trata de sexo, Sheila tiene una comprensión muy clara. Mientras nos escribe nos habla de manera honesta y sabia, con mucha información útil para tener una relación sexual saludable.

NEIL Y SHAROL JOSEPHSON, directores de FamilyLife Canadá

El sexo es una forma de comunicación. A muchas parejas se les hace difícil hablar sobre esta forma íntima de comunicación. En su libro *Alcanza el mejor sexo de tu vida en 31 días*, Sheila Wray Gregoire te dice la verdad en cuanto a tu vida sexual y te ayudará a que te comuniques mejor sobre este tema con tu cónyuge. Dios tiene grandes cosas preparadas para ti. ¡Que comience la comunicación!

RON L. DEAL, entrenador matrimonial, terapeuta matrimonial y familiar, y autor BEST SELLER de *The Smart Stepfamily* y *Building Love Together in Blended Families*

Como cristiana, siento que hay una conversación en marcha en la cual no he participado. Por eso estoy tan agradecida por el estilo de Sheila Wray

Gregoire, porque aborda el tema del sexo basada en hechos y en la gracia. ¿Qué más? Nunca me avergüenzo de referir a mis amigas (sin importar el trasfondo de su fe) a sus enseñanzas porque sé que dice la verdad sin rodeos. Sheila es una persona de confianza y una poderosa voz del lado de la verdad.

KATHI LIPP, autora del BEST SELLER *The Husband Project* y *Clutter Free*

Este libro de Sheila Gregoire ya es de lectura habitual para muchas mujeres, pero espero que este libro también alcance a los hombres. El sexo es algo maravilloso, pero los cristianos en particular parecen ser más que un poco reacios a hablar de ello o hablan de manera desagradable y poco útil. Gregoire se mantiene centrada, ofreciendo consejos prácticos y aplicables para disfrutar lo que el libro de Eclesiastés llama un don de Dios. Creo que todos los hombres deberían leer este libro, junto con sus esposas, y agradecer a Dios por este don que le ha dado a las personas casadas.

RUSSELL L. MEEK, orador, escritor y profesor

SHEILA GREGOIRE

ALCANZA EL

Mejor

Sexo

DE TU VIDA EN

31

DÍAS

Amor. Amistad. Diversión

GRUPO NELSON
Una división de Thomas Nelson Publishers
Desde 1798

Editora en Jefe: *Graciela Lelli*
Traducción: *Interpret the Spirit, LLC*
Adaptación del diseño al español: *Mauricio Diaz*
Diseño de la portada: *Curt Diepenhurst*
Fotografía de la portada: *karakedi35/Elnur/Shutterstock*

ISBN: 978-1-40022-554-5
ebook: 978-1-40022-567-5

Impreso en Estados Unidos de América
20 21 22 23 24 25 LSC 9 8 7 6 5 4 3 2 1

A mis maravillosos lectores y comentaristas de To Love, Honor and Vacuum, *para quienes se escribió esta primera serie cuyos comentarios y correos electrónicos ayudaron a darle forma.*

CONTENIDO

Días 20–26: La verdadera unidad en la habitación (La intimidad espiritual)

Días 27–31: ¡Mantiene el impulso en marcha!

Reconocimientos

Si no fuera por mi blog *To Love, Honor and Vacuum* este libro no existiría. Y si no fuera por mis fieles lectores y comentaristas ese blog no seguiría siendo un éxito después de doce años. Pienso en muchos de ustedes por su nombre y valoro sus comentarios, palabras de aliento y correos electrónicos. Cuando pasas tu vida acurrucada en un sillón amarillo de la sala de estar con una taza de té a tu lado y una computadora balanceada sobre tus faldas, pulseando la barra espaciadora, es fácil pensar que nadie está escuchando. Los muchísimos lectores que me han respondido, dejado comentarios y agradecido, han cambiado el rumbo de mi blog, la dirección de mis pensamientos y me han formado de muchas maneras. Estoy muy agradecida.

Además, este libro no hubiera sido una realidad sin mi primer libro sobre el sexo, *The Good Girl's Guide to Great Sex*. Cuando ese libro fue lanzado, imaginé un blog con una serie de artículos sobre el sexo, y fue esa serie (que se convirtió en este libro) que hizo que mi blog fuera conocido. También quiero agradecer a Chip MacGregor, mi agente maravilloso, por contactarme con Zondervan y Sandra VanderZicht, que tomó un riesgo con una bloguera relativamente desconocida (¡y encima canadiense!).

Desde entonces he tenido el privilegio de trabajar con otras personas maravillosas y muy talentosas de Zondervan, en especial Carolyn McCready, con quien fue tan fácil rebotar ideas tratando de adaptar la serie del blog y hacerlo un libro útil y fácil de entender. Y tuvo que soportar mi ortografía canadiense.

A mi mamá Elizabeth Wray, que siempre anda en puntas de pie por la casa cuando estoy trabajando para no molestarme, aunque también es su casa.

Y muy especialmente a mi equipo *To Love, Honor and Vacuum*: mi hija Rebecca, su esposo Connor, Tammy, Joanna y Emily. Ustedes tuvieron que hacer muchas cosas mientras yo trabajé en esto, y me encanta que pueda confiar en ustedes. Rebecca, creo que tenemos la relación madre-hija más extraña que conozco. No todos pueden tomar con calma que su madre les llame y diga: «Tengo un artículo que quiero publicado en quince minutos sobre diez maneras de ser más aventurero en la cama, y solo tengo ocho puntos. ¿Qué tan difícil puede ser escribir dos más?». Y luego intercambiamos ideas como si eso fuera normal. Y para nosotros lo es.

Y Connor, no tenías idea en lo que te estabas metiendo cuando te casaste y te uniste a esta familia, ¡pero pocas personas pueden hablar con su suegra como tú lo haces! Gracias por aliviarme de algunos de mis dolores de cabeza técnicos para poder hacer lo que hago mejor, escribir.

Tammy, gracias por mantenerme cuerda y asegurar de que nada quede desatendido.

Y Katie, gracias por salir a caminar conmigo y ayudarme a procesar las cosas cuando estuve estresada. Siempre has sido muy buena para eso.

Y, por último, a Keith, a quien amo mucho y quien podría surgir con treinta y una ideas más para llenar este libro. Pero esto es todo lo que diré sobre este asunto.

Introducción

¿Quién no quiere tener el mejor sexo?

Sentir que estás en las nubes, ser uno con tu cónyuge, sentir el éxtasis físico, ¡parece algo celestial!

Pero no todos llegamos a experimentar esas emociones cuando hacemos el amor con nuestros cónyuges. Algunas de nosotras no sentimos mucho placer. Algunas de nosotras tenemos muy poco deseo sexual. Algunos de nosotros nos sentimos rechazados porque nuestro cónyuge no parece querer tener relaciones sexuales muy a menudo.

Sin importar cuál sea tu condición, estoy contenta de que has decidido zambullirte en *Alcanza el mejor sexo de tu vida en 31 días*. Este libro fue escrito para parejas casadas que quieren experimentar la verdadera intimidad y el éxtasis en la habitación. Después de todo, se supone que así debe ser el sexo. Al enfocarnos el uno con el otro, desarrollando nuevos hábitos (¡aun nuevas habilidades!) y tratando con los obstáculos, yo creo que puedes experimentar el sexo como Dios quiere que sea.

He estado escribiendo y blogueando sobre el sexo por más de una década, y al escuchar a muchas parejas luchar con sus vidas sexuales insatisfechas, he notado algunas cosas que tienen en común. He estructurado este desafío de 31 días para abordar todas estas características comunes, con la esperanza de hacerlo muy divertido y con risas.

¿Cómo funciona este desafío de 31 días? Cada día tiene un tema y un desafío nuevo. ¡Por favor haz los desafíos! Poner estos principios en práctica es mucho más eficaz que tan solo leerlos.

El mes comienza con una semana de desafíos que enmarcan el sexo en una luz positiva. Espero que experimentes algunas victorias que te impulsen para aprender nuevos hábitos y técnicas. Luego nos centraremos en los desafíos relacionados a los tres aspectos de la intimidad en la habitación: la intimidad emocional (o risa), la intimidad física (o fuegos artificiales) y la intimidad espiritual (o unidad). A medida que avances en los 31 días, verás cada vez más desafíos relacionados con la técnica sexual y cómo condimentar las cosas. Y entonces, al final, podremos pasar una semana en preparación para mantener ese impulso en marcha, aun cuando se haya terminado el desafío de los 31 días.

Si estás ansioso por zambullirte en los asuntos «calientitos», por favor no lo hagas. Haz los desafíos en orden. El órgano sexual más grande es nuestro cerebro. Tenemos que *pensar* los pensamientos correctos y *sentir* las emociones correctas sobre el sexo antes de que nuestros cuerpos funcionen correctamente en cuanto al sexo. Las parejas que más se beneficiaron de la versión original de este libro que autopubliqué reportaron consistentemente que el mayor obstáculo no es la técnica sino la comunicación. Uno de los mayores avances que tuvieron a lo largo del mes fue finalmente poder hablar sobre aspectos importantes de su matrimonio.

En el curso de esta búsqueda de 31 días, también encontrarás una serie de «extras». Al principio del desafío de 31 días, tengo un desafío adicional para aquellos de ustedes que estén lidiando con asuntos del pasado, heridas o la confianza rota, para que puedan presionar el botón de reinicio de su vida sexual y así avanzar. Además, he planificado tres «charlas motivacionales» porque a veces las parejas necesitan algo de aliento y más tiempo para procesar los desafíos. Si tienes que hacer una pausa, está bien. Quizás necesites una pausa para sentirte cómodo, especialmente cuando el sexo ha sido más difícil para uno de ustedes que para el otro. Permite que el que se siente menos cómodo establezca el ritmo. Para que el sexo sea maravilloso tiene que ser mutuo. Esto no puede suceder si una pareja está incómoda o asustada. En ese caso, es mejor rehacer algunos desafíos hasta que ambos estén abordo.

Tampoco tienes que terminar los 31 desafíos en un mes calendario. No conozco a muchas parejas que lo hayan hecho todo en un mes. La mayoría se toman dos o tres meses, solo porque la vida y los horarios de trabajo a veces se interponen. Si quieres tomar un descanso mientras ella tiene su periodo, hazlo; aunque muchos de los desafíos no involucran la relación sexual. En esto no hay reglas absolutas.

Para mantener el sexo emocionante y darte más ideas e información, encontrarás recuadros a un lado de las páginas del libro con más información, un buffet de nuevas ideas, o algunos pensamientos profundos para meditar. Además, hay algunas ideas divertidas para mantener las cosas condimentadas.

Aunque en este mes, con toda certeza, tendrás fuegos artificiales, a menudo una de las barreras a esos fuegos artificiales es que nunca te has sentado para hablar sobre lo que quieres en tu vida sexual, lo que disfrutas o qué es lo que te pone nerviosa. Es por eso que muchos de los desafíos están diseñados para que tomes las cosas despacio y tomes tiempo para hablar sobre lo que sientes. Al tomar esta oportunidad para abrir esas líneas de comunicación verás que el lado físico de tu relación será mucho mejor.

El sexo está atado a nuestra identidad, nuestros sentimientos de autoestima y nuestra confianza en el matrimonio. Tiene el potencial de separarte o unirte más de lo que jamás has creído posible. Mi sueño y oración para cada pareja que lee esto es que alcance lo último: que sientas la verdadera intimidad y que los dos se sientan como uno.

Finalmente, antes de empezar debes saber una última cosa. Este libro está destinado a parejas sanas que quieren mejorar sus vidas sexuales. No tiene el propósito de coaccionar a nadie a entrar en cosas que no quieren hacer. Adicionalmente, no podrá arreglar un matrimonio abusivo. Si el sexo se ha convertido en un problema porque un cónyuge está tratando de controlar al otro, causando una grieta emocional y sexual, eso necesita ser tratado. Si estás en un matrimonio abusivo, por favor mira el apéndice para encontrar libros que sean más apropiados para tu situación.

¡Ahora empecemos y divirtámonos!

Día 1–7

Abraza
el sexo

CAPTA LA VISIÓN

El sexo está por todos lados. Se usa para vender champú. Se usa para vender películas. Se usa para motivar la compra de ropas, lugares para vacacionar, y aun para elegir un automóvil. No puedes escapar de él.

Pero ¿de qué se supone que se trata el sexo?

Al pensar sobre esta pregunta, buqué por la internet una imagen que coincida con el artículo que iba a publicar en el blog sobre este tema.[1] Me topé con una fotografía de un hombre y una mujer con su vestimenta de boda: ella con un vestido blanco largo y él en un esmoquin. Y estaban sentado juntos en una cama.

No sé cuántos de nosotros hubieran sido lo suficientemente audaces como para tomarse una foto de boda sobre una cama (o cuántos de nosotros colgarían una foto así sobre nuestra pared), pero creo que es refrescante porque dice: *Esto es importante. Es una parte vital de nuestra relación. Y todo empieza ahora.*

El sexo es la actuación física de todo lo que el matrimonio es. Nos hacemos vulnerables mutuamente. Nos desnudamos mutuamente por completo; esto significa la intimidad real, no solo la intimidad física. Nos celebramos mutuamente. Nos protegemos mutuamente. ¡Pero también nos divertimos mucho juntos!

Piénsalo. En el matrimonio estamos plenamente comprometidos de por vida el uno con el otro. Reímos juntos y lloramos juntos. Y en el sexo, nos mostramos físicamente nuestro compromiso mutuo y expresamos una serie de emociones porque el sexo fue creado de forma única para hacer eso. Dios hizo que el sexo se sintiera maravilloso, pero también lo hizo para que sea una experiencia profundamente íntima.

Aunque se supone que el sexo es estupendo, ¿qué sucede si esto no es lo que estás experimentando? ¿Qué si el sexo es doloroso y tú no puedes conseguir que funcione? ¿Qué si nunca has experimentado nada remotamente parecido a los fuegos artificiales que todo el mundo habla? No puedes entender por qué se hace tanto alboroto, y te preocupas pensando que eso fue creado para todos, pero no para ti. O quizás estés perseguida por tu pasado, por las cosas que has hecho sin descanso en el asiento trasero de un auto, que no te puedes olvidar o tal vez algo más siniestro que te hizo un tío o una niñera o durante una cita. O quizás te sea difícil estar «presente» cuando haces el amor, perseguido por imágenes pornográficas, películas o la erótica. Entonces, allí la intimidad se disipa. ¿O qué si el sexo te parece algo *poco apetitoso*, y es algo que solo haces por inercia?

O tal vez no estés haciendo nada por inercia. En las encuestas que tomé para mi libro *The Good Girl's Guide to Great Sex*, encontré que el cuarenta por ciento de las parejas hacían el amor menos de una vez a la semana. El tema es que no nos estamos conectando tan seguido.

Este mes vamos a tratar estos asuntos y descubrir maneras de encontrar la verdadera libertad que el sexo supone ser. Aunque quizás luches con el sexo, quiero que empieces este desafío entendiendo que el sexo fue diseñado para que sea maravilloso en al menos tres maneras:

Físicamente: Se supone que debemos sentir placer con nuestro cónyuge.

Emocionalmente: Fuimos diseñados para reír, divertirnos y solidificar una conexión profunda.

Espiritualmente: Se supone que debemos sentir una profunda intimidad, como que realmente somos «uno».

Desafío del día 1 para el mejor sexo

De una escala de 1 al 10 (10 siendo el mejor), califica tu vida sexual:

Físicamente _____
Emocionalmente _____
Espiritualmente _____

Incluso si en este momento no calificas alto en todas estas áreas, créeme que tener 10 en todas no es solo el *potencial* para el sexo, sino la *intención* para el sexo; para cada uno, y como pareja. ¡Pueden llegar allí!

Ahora, las esposas, digan estas oraciones por cuenta propia, o solo escríbanlas en un diario si no son religiosas:

- Yo creo que el sexo fue creado para sentirme estupenda físicamente, y que se supone que debo tener apetito sexual y sentirme excitada, aunque en este momento no me sienta así.
- Yo creo que el sexo fue creado para hacerme sentir amada.
- Yo creo que el sexo fue creado para hacerme sentir una con mi esposo.

Esposos, digan estas oraciones, o solo escríbanlas en un diario si no son religiosos:

- Yo creo que el sexo fue creado para sentirme estupendo físicamente, no solo es para mí, sino también para mi esposa. Y creo que Dios quiere que yo la ayude a lograr eso.
- Yo creo que el sexo fue creado para hacerme sentir amado y querido.
- Yo creo que el sexo fue creado para hacerme sentir uno con mi esposa.

Envuélvanse juntos

Compartan mutuamente cómo cada uno calificó su vida sexual. Si tienen grandes discrepancias, eso no es malo; están empezando los 31 días juntos donde la cercanía de ustedes aumentará y aprenderán más sobre cómo hacer que esta área de sus vidas sea estupenda. Es importante empezar haciendo un balance, pero darse gracia el uno al ótro, sabiendo que ambos están tratando de crecer. Si los dos van en la misma dirección y están comprometidos con el mismo objetivo, en verdad no importa si se empieza en el mismo lugar.

Ahora, hablen entre ustedes sobre qué es una buena vida sexual en cada una de estas tres áreas. ¿A qué apuntan? ¿Qué les gustaría a ambos? Nuevamente, en este punto no tienen que entender cómo van a alcanzar los objetivos. ¡Eso está a la vuelta de la esquina! Lo importante es que entiendan que han sido destinados a tener una vida sexual estupenda, y que pueden lograrla.

Sea que tengas grandes complejos, muchas heridas, temores o dudas, sea que tu situación es mediocre o tu matrimonio tiene cicatrices, el sexo puede ser algo muy positivo en tu vida y en tu matrimonio. Míralo. Imagínalo. ¡Créelo! Si empezamos con una actitud positiva y entusiasta sobre el sexo, nuestras vidas sexuales mejorarán astronómicamente. Y desde ahora, por un mes, veremos prácticamente cómo vamos a hacer que eso sea una realidad.

Lo que el sexo significa para cada uno de nosotros

Miles de millones de personas sobre el planeta han tenido relaciones sexuales. No sé cuántas de ellas han hecho verdaderamente el amor, porque no son necesariamente la misma cosa.

Tenemos la tendencia a pensar que el sexo es principalmente un acto físico. Tenemos relaciones sexuales para sentir placer. Pero es mucho más que eso. También es una intimidad espiritual y emocional, donde deben sentir como si fueran en verdad «uno».

Parte de la intimidad emocional es evidente en cómo funcionan nuestros cuerpos.

Cuando un hombre tiene relaciones sexuales, la verdadera pregunta que él hace es: *¿Me aceptas?* Él literalmente entra en el cuerpo de ella, y en muchos casos, deja una parte de él mismo allí. Cuando ella quiere hacer el amor, cuando ella está *ansiosa* por hacer el amor, emocionalmente se siente como si le estuviera diciendo: *Te acepto y te quiero*, aun en lo más básico dice: *Estamos bien*.

Por otra parte, para ella la relación sexual es mucho más vulnerable físicamente. Ella permite que alguien entre en ella. Entonces, lo que ella pregunta es: *¿Puedo confiar en ti? ¿Me amas de verdad?* Para que ella sea vulnerable primero tiene que saber que él es digno de confianza.

Esto no es para restarle importancia a los aspectos físicos del sexo. Pero los aspectos emocionales son los que hacen que una relación sexual sea mucho más poderosa.

Por eso, en general, *los hombres hacen el amor para sentirse amados, mientras que las mujeres necesitan sentirse amadas para hacer el amor*. Él tiene relaciones sexuales para verificar la salud de la relación; ella necesita que la relación sea saludable antes de sentir que el sexo es íntimo para ella.

Desafortunadamente, estas diferencias pueden ser fácilmente una receta para el desastre y los malentendidos.

Pero hay otra manera de mirarlo que creo que es parte de un diseño más grande. Estos dos motivadores juntos hacen crecer al matrimonio. Si él quiere hacer el amor, él necesita ganarla para que ella se sienta segura. Si ella quiere afecto, ella tiene que responderle para que él se sienta amado. Por medio de estos deseos nuestra libido puede aumentar y expandirse para que ella también pueda estar igual de ansiosa por hacer el amor, ¡y puede ser que él también quiera afecto! En desafíos posteriores veremos cómo las diferencias y preferencias de libido entran en juego. No obstante, al empezar a entender cómo tu cónyuge ve el sexo no solo puede hacer que el sexo sea menos confuso, sino también puede señalarnos cómo el sexo fue diseñado para llevarnos a la verdadera intimidad.

Día 2

DESAFIAR LAS MENTIRAS
QUE CREEMOS SOBRE EL SEXO

El sexo puede ser una cosa hermosa, pero eso no significa que todos nos sentimos estupendos con el asunto.

¿Qué sucede si traes cosas del pasado a tu matrimonio que están dificultando la excitación sexual? ¿Y qué pasa si el sexo nunca se ha sentido estupendo y estás casi rendida? ¿O si parece impersonal y únicamente físico?

Sin importar dónde estés hoy, tu vida sexual puede empezar de nuevo. Pero a veces un nuevo comienzo está en peligro porque creemos cosas sobre el sexo que no son verdaderas. Como veremos durante este mes, nuestro órgano sexual primario es nuestro cerebro. Lo que pensamos sobre el sexo determina si somos capaces de experimentar la intimidad y el placer cuando hacemos el amor. Así que este es el plan para hoy: Vamos a confrontar las mentiras que crees sobre el sexo y reemplazarlas con la verdad.

Algunas de las verdades que estoy enumerando son desde una perspectiva cristiana. Si este no es tu trasfondo, puedes seguir más adelante si necesitas hacerlo. Pero te animo a leerlas, porque alguna vez todos necesitamos alguna seguridad de que no tenemos que vivir con culpa y vergüenza.

Eres una nueva creación

¿Estas perseguido por las cosas que has hecho antes de casarte? ¿Tienes recuerdos de novias o novios anteriores, o tal vez un excónyuge? ¿Te molesta el uso pasado de la pornografía? Estas cosas pueden entrometerse en tu habilidad de pensar en el sexo como algo sagrado entre tú y tu cónyuge.

Cuando tengas dudas, o recuerdos de tus viejos amantes, piensa en este versículo: «Por lo tanto, si alguno está en Cristo, es una nueva creación. ¡Lo viejo ha pasado, ha llegado ya lo nuevo!» (2 Corintios 5:17).

Tú eres una nueva creación. Tú fuiste comprado por un precio. No tienes que ser esa antigua persona, y esa antigua persona ya no tiene reclamos sobre ti.

Quizás no te sirve mucho la idea cristiana de una nueva creación, pero obviamente crees en la institución del matrimonio porque has caminado hasta el altar. Cuando nos casamos, empezamos de nuevo. Ahora eres una carne con tu cónyuge, con nadie más. Los dos, juntos, son *también* una nueva creación. Cuando los pensamientos negativos entren a tu mente, reemplázalos con uno positivo: *Yo soy una nueva creación. Juntos somos una sola carne.*

Tú eres pura

Cuando permitimos el señorío de Cristo en nuestras vidas eso cambia nuestra naturaleza.[2] Cuando Dios te mira, te ve pura. A veces tenemos dificultades para sentir que somos una nueva creación porque sabemos lo que hemos hecho en el pasado. Otras veces tenemos dificultades debido a lo que otros nos han hecho. Fuimos abusadas, violadas, manoseadas o acosadas. Y nos sentimos como si estuviéramos manchadas, usadas y sucias.

Esa no es la manera en que Dios ve a sus hijos e hijas. Dios no te juzga en términos de lo que otros te han hecho; él te mira en términos de lo que Jesús hizo por ti. Una vez que sigues a Jesús tú eres completa y absolutamente pura.

La próxima vez que te sientas sucia por lo que otro te haya hecho, la próxima vez que pienses que todos los demás están bien, pero que tú nunca lo estarás, la próxima vez que sientas que no hay esperanza para ti, recuerda este versículo: «El Señor . . . se alegrará por ti con cantos» (Sofonías 3:17).

Piensa en cómo un padre sostiene a un bebé y le canta, asombrado por lo precioso que es. Así es como Dios piensa en ti. ¡Él se alegra por ti!

Fuiste creada para el placer

Fuiste creada para sentir el placer sexual. Usualmente, a los hombres les es más fácil creer esto porque, por lo general, tienen el placer garantizado cuando hacen el amor. De hecho, eso es en lo que usualmente termina un encuentro sexual, cuando él logra el orgasmo. Pero las mujeres también fueron creadas para el placer, y te lo puedo demostrar.

Si eres una mujer tienes un clítoris, un pedacito de carne justo delante de tu vagina que no tiene otro propósito excepto producir placer. Los hombres no tienen eso. Su principal órgano sexual es multifuncional. ¡Pero Dios puso más terminaciones nerviosas en el clítoris que las que puso en el pene entero! Dios puso un lugarcito en nuestros cuerpos solo para que nos sintamos bien, muy bien.

Si eres una mujer y el sexo no se siente muy bien para ti y crees: «Nunca tendré un orgasmo», o «No sé por qué se hace tanto alboroto sobre eso», o «A todos los demás les puede gustar el sexo, pero a mí jamás»; ¡basta! En cambio, di: *«Fui creada para sentir placer».*

Es verdad. ¿No prefieres repetirte algo a ti misma que es verdad que seguir creyendo una mentira?

Algunas mujeres leyendo esto quizás no hayan experimentado mucho placer. Pero eso no importa. En las encuestas que tomé para mi libro *The Good Girl's Guide to Great Sex,* hallé que los mejores años de placer sexual para las mujeres casadas ocurren entre los dieciséis a veinticuatro años de estar casadas. Si te has casado hace poco tiempo, debes saber esto: las mujeres consiguen tener más orgasmos con el tiempo y con la práctica. Así que, en lugar de dudar, preocuparte o renunciar, ¡emociónate!

Una palabra a los esposos: tal vez dudas si tu esposa alguna vez llegará a sentir placer. Tú también necesitas creer esta verdad. *Ella fue creada para sentir placer.* Su cuerpo es capaz de hacerlo. Solo debes aprender cómo lograr que los dos estén en el estado mental correcto, cómo nutrir tu relación y luego cómo moverse juntos físicamente. Esto puede parecer una solicitud muy grande, pero es una muy divertida. Y no solo es posible; con el estado mental correcto, ¡es probable!

Fuiste creada para tener intimidad

No solo fuimos creadas para sentirnos estupendas en la relación sexual; también fuimos creadas para tener intimidad. Se supone que la relación sexual nos une no solo con nuestros genitales, sino también con nuestros corazones. Desafortunadamente, la relación sexual a menudo se vuelve más pornográfica que íntima. Cuando pensamos en el sexo, pensamos en algo casi impersonal. La idea de lo que hacemos con nuestro cuerpo es sexi, no la idea de con quién lo estamos haciendo.

Ese es un resultado de vivir en nuestra sociedad. Hemos sacado la relación sexual del contexto matrimonial y se ha convertido en algo únicamente físico. Cuando te casas, es difícil hacer ese cambio mental para que el sexo se convierta en algo mucho más que solo lo físico. La pornografía solo contribuye a la confusión.

Si te preguntas si alguna vez podrás sentir el amor, y no solo la excitación, cuando se trata de la habitación, repítete lo siguiente: «*Fui creada para tener intimidad*».

¡Durante este mes te daré las herramientas para que lo experimentes!

El sexo es hermoso

El sexo es incómodo. Es engorroso. Estás toda transpirada, y después tienes que lavar las cosas. Y a veces no parece ser, como diríamos, algo *apropiado*. Es muy fácil que muchas de nosotras pensemos: «Necesitamos tener relaciones sexuales para hacer los bebés, pero lo mejor es no hablar demasiado del asunto». Mujeres, especialmente a lo que se refiere a sentirse en control, limpias y organizadas. El sexo no encaja en ese molde.

Quizás es hora de que nos deshagamos de ese molde. Se supone que el sexo es algo engorroso. Se supone que el sexo te hará vulnerable y te pondrá algo fuera de control. ¡No se supone que sea clínico!

Algunas de nosotras fuimos criadas para pensar que el sexo era algo que nunca se debía hablar ni pensar, y cuando nos casamos fue difícil hacer la transición para ver el sexo como algo hermoso. Aún nos preguntamos si realmente hay algo sucio o equivocado con todo el asunto.

Esta es otra mentira que te retiene a ti y a tu matrimonio. Cuando Dios terminó de crear a Adán y a Eva, él nos declaró, desnudos como el arrendajo, «muy buenos» (Génesis 1:31). El sexo es muy bueno. Si comienzas a dudar, repítelo una y otra vez: *«El sexo es hermoso. El sexo es muy bueno».*

El sexo te beneficia

Finalmente, este es el punto de vista más común y destructivo sobre el sexo: muchas de nosotras vemos al sexo como una obligación. Cuando pensamos en el sexo tenemos la tendencia a pensar: «¿Tengo que hacerlo esta noche?». Deducimos que *deberíamos* hacerlo porque nuestros cónyuges lo necesitan. Si eres el cónyuge con la libido más baja, probablemente has llegado a ver el sexo como una cosa más en tu lista de quehaceres. Y cuando no lo haces, tu cónyuge se irrita, y eso no es nada sexi.

¡Pero el sexo también te ayuda! Si estás cansada, el sexo te ayudará a dormir más rápido y profundamente. Si estás ansiosa, hacer el amor te ayudará a calmarte. Hacer el amor aumenta tu inmunidad, te hace menos deprimida, y lo mejor de todo es que te hace sentir mucho más conectada con tu cónyuge.[3]

La próxima vez que pienses, «Y bueno, esta noche tendré que hacerlo, aunque no quiera», detente y reemplázalo con esto: «El sexo *me* beneficia».

Sé que muchos de ustedes quieren que ya entremos a los detalles del sexo, pero no se preocupen. ¡Pronto llegaremos a eso! Antes de que podamos hacer que los aspectos prácticos del sexo funcionen maravillosamente, tenemos que asegurarnos de que tenemos las creencias correctas sobre el sexo. El sexo no va a funcionar mágicamente si aún nos sentimos sucios, avergonzados, culpables u obligados. Tenemos que meter nuestras mentes en el juego porque cuando nuestras mentes no están allí, nuestros cuerpos no nos seguirán.

Desafío del día 2 para el mejor sexo

PARTE A

Tómense turnos para responder a esta pregunta: De todas las verdades enumeradas arriba, ¿cuál de ellas se te hace más difícil creer?

¿Has perdido la esperanza de que el sexo alguna vez se sentirá bien para ti, o para tu cónyuge? ¿Sientes aún que el sexo es un poco raro o incorrecto? ¿O lo ves más en términos pornográficos que en lugar de íntimos? ¿Ves al sexo como una obligación? Habla sobre tus impedimentos, y luego habla sobre estrategias en las que juntos pueden trabajar para que cuando te deslices en creer una mentira, tu cónyuge pueda ayudarte.

Por ejemplo, si tu cónyuge tiene dificultades para creer que el sexo puede sentirse bien, pregúntale a ella (o a él), cuando empieza a perder la esperanza: «¿Qué puedo hacer para ayudarte a tener un nuevo enfoque?», o «Fuiste creada para tener placer y un día llegaremos allí, te lo prometo», o «Eres hermosa para mí y te amo, fuiste destinada para mucho más». Alternativamente, si él tiene problemas para creer que un día él sentirá que el sexo es íntimo, en lugar de solo pornográfico, ella podría decir: «Cada día en las pequeñas cosas me demuestras que me amas». «Tú fuiste creado para amarme en la cama, y sé que llegarás allí».

Hablen sobre qué afirmaciones serían las más eficaces para combatir las mentiras principales con las que cada uno lucha y luego empiecen a practicarlas.

PARTE B

Cada uno de ustedes tiene dos memorias de su niñez / adolescencia que tienen que ver con el sexo o la pubertad, una memoria es negativa y la otra positiva. ¿Cuándo sentiste vergüenza? ¿Cuándo te sentiste orgulloso, maduro o emocionado? Luego hablen sobre cómo estas experiencias moldearon su visión del sexo.

Cuando hayan terminado, practiquen nuevamente usando sus nuevas afirmaciones. ¡Ya lo pueden hacer! No importa cuáles hayan sido las mentiras que crecieron creyendo, juntos van a tomar estas próximas cuatro semanas para trabajar de verdad en darse un nuevo comienzo fresco y emocionante.

Para aquellos lidiando con recuerdos sexuales del pasado: ¿Necesitas presionar el botón de reinicio en tu vida sexual?

Algunos de ustedes que están leyendo este libro lo hacen porque quieren condimentar un poco las cosas, salir de la rutina, o aprender cómo hablar sobre el sexo el uno con el otro más libremente. Pero algunos de ustedes tienen asuntos mucho más profundos, recuerdos sexuales del pasado que todavía les persiguen: amoríos pasados, el uso de pornografía, o alguna otra cosa que ha roto la confianza entre ustedes o les ha herido en el pasado.

Si estás haciendo este desafío solo para condimentar las cosas, puedes pasar al día 3.

Pero si tienes recuerdos del pasado, será mucho mejor que primero trates con ellos en este desafío adicional. El buen sexo requiere vulnerabilidad, y este desafío de 31 días requiere vulnerabilidad. Pero no se puede ser vulnerable si hay problemas de confianza en tu matrimonio o si tienes recuerdos del pasado que aún no has superado, especialmente en tu vida sexual. Así que esta noche vamos a tratar con esos asuntos.

¿Necesitas presionar el botón de reinicio en tu vida sexual?

Algunos de nosotros tenemos montones de impedimentos sexuales, sean mentiras que hemos creído o abusos que hayamos sufrido o aun cosas que hemos hecho de las que no nos sentimos orgullosos. Quizás hayas tenido compañeros sexuales antes de casarte y desearías poder quitártelos de la cabeza. Quizás uno o ambos de ustedes miraba pornografía. Quizás les ha costado superar lo que saben que su cónyuge hizo antes de que ustedes se casaran.

Hoy vamos a presionar simbólicamente el botón de reinicio de tu vida sexual. Una vez que hayas lidiado con tu pasado, lo que pasó antes no tiene por qué arruinar tu vida sexual ahora.

ADOPTA TU NUEVA IDENTIDAD

En Génesis 2:24, Dios dijo: «Por eso el hombre deja a su padre y a su madre, y se une a su mujer, y los dos se funden en un solo ser». Cuando te casaste con tu cónyuge, te convertiste en algo nuevo, que no se define por lo que sucedió antes.

La verdad puede ser difícil de aceptar, especialmente si en el pasado has sido herida sexualmente por medio del abuso o la agresión sexual. Para muchas personas el sexo les parece sucio, y verlo como algo hermoso y nuevo les parece imposible. Pero yo no creo que Dios quiera que permitas que esa persona, o esas personas, te roben de tu vida y el matrimonio abundantes que él preparó para ti. ¡Él quiere que alcances la sanidad! Por eso ora con tu cónyuge para que puedas ver el sexo hoy como algo muy diferente a como fue entonces. Haz una cita para hablar con un consejero licenciado si este es un problema de hace mucho tiempo, porque no estamos destinados a tratar con los problemas solos. Un consejero entrenado en la terapia del trauma puede guiarte a través del proceso de sanidad que Dios quiere para ti.

PERDÓNENSE EL UNO AL OTRO

A veces nuestros problemas no son anteriores al matrimonio. Fallamos *después* de estar en el altar. Alguno rompió la confianza a través de un amorío físico, un amorío emocional, o el uso de la pornografía. Este libro tiene por objeto ayudar a dos cónyuges comprometidos a mejorar su vida sexual. Si la confianza está siendo rota actualmente con el uso de la pornografía o amoríos, por favor detente en este estudio y toma los pasos para sanar tu relación antes de continuar. No puedes construir una buena vida sexual sin confianza.

Si estas infracciones sucedieron en el pasado, ¿cómo avanzas? Antes de que pueda ocurrir una sanidad, el cónyuge ofensor debe tomar la responsabilidad absoluta por lo que hizo, entendiendo la gravedad de lo cometido. No es suficiente decir: «Yo solía usar mucho la pornografía, pero prometo no hacerlo otra vez. Por favor, no le cuentes a nadie». Tampoco debería decir: «Ya dejé esa relación, así que ahora tienes que perdonarme». Si heriste a tu cónyuge, es tu responsabilidad reconstruir la confianza, no demandar el perdón instantáneo.

Primero, busca a un socio de rendición de cuentas o únete a un grupo de recuperación. No estamos destinados a luchar solos toda una vida. Si has sido tentado por la pornografía o has tenido un amorío emocional o uno de verdad, necesitas a un socio de rendición de cuentas del mismo sexo. No tienes que contárselo a todas las personas debajo del sol, pero contarle a una persona es una manera de demostrarle a tu cónyuge que has tomado en serio cambiar y seguir adelante. Luego establece una cita con un consejero licenciado, de manera individual y juntos. Rompe todo contacto con terceros e instala filtros o controles en tus dispositivos electrónicos. Sé transparente compartiendo las contraseñas y el acceso a tu computadora.

Una vez que el cónyuge ofensor haya tomado estos pasos, el balón estará en el campo del otro cónyuge. Si tu cónyuge ha roto la confianza, en algún momento tendrás que perdonar si quieres seguir adelante. La cantidad de tiempo debe ser proporcional al grado de los daños. No es sabio no permitir un tiempo para la sanidad. ¡No te apures!

Pero tampoco es prudente demorar la sanidad. Injusto o no, no hay nada que tu cónyuge pueda hacer para compensarte. Es probable que nunca alcances la verdadera intimidad hasta que hayas perdonado. Una vez que tu cónyuge haya establecido sistemas y con el paso del tiempo que es confiable, ese es el momento para perdonarlo y avanzar.

LLEVAR TODO PENSAMIENTO CAUTIVO

Parte de seguir adelante es decidir que ya no te quedarás viviendo en el pasado. No estamos obligados a dar lugar a todo pensamiento que entra a nuestra mente. La Biblia nos desafía a que «llevemos cautivo todo pensamiento» (2 Corintios 10:5), lo cual significa que cuando un pensamiento entra en tu mente, puedes verlo y decidir si quieres entretenerlo, y luego descartarlo si piensas que te está perjudicando. Si un pensamiento no es cierto o no te ayuda, no tienes que meditar en él.

Si eres perseguida por memorias de abuso, aprende a rechazar esos pensamientos (una consejera licenciada y entrenada en terapia de trauma puede ayudarte a hacer esto). Si eres perseguido por los pensamientos de lo que tu cónyuge ha hecho, aprende cómo deshacerte de esos también. No estás obligado a repasar una y otra vez las mismas cosas. Esto también significa que no necesitas saber todos los detalles de lo que hizo tu cónyuge. Hacer preguntas específicas sobre las acciones sexuales pasadas de tu cónyuge para que tengas imágenes visuales más vivas no te ayudará, y además herirás a tu cónyuge en la medida que intenta salir adelante.

Lo que podría ayudarte, especialmente si eres perseguido por lo que tu cónyuge hizo antes de casarse (o después que se casaron), es afirmar esta verdad: *Hacer el amor no es asunto de entender todo sobre el sexo; es entender todo el uno sobre el otro. Y es sobre dos personas trabajando juntas. Lo que tenemos es algo único y hermoso y no justifica ser comparado con nada.*

Aun si tu cónyuge estuvo casado anteriormente y te preocupas de que estés siendo comparada, recuerda que lo que tienen juntos es único porque los dos son únicos. ¡Eso es algo bueno! No te enfoques en pensar «¿Será que antes lo disfrutaba más?» o «Será que a ella le gustaba más con él». Enfócate en lo siguiente: «Juntos somos únicos y hermosos».

¡APRIETA EL BOTÓN DE REINICIO!

Afírmale a tu cónyuge que es el único objeto de tu deseo; concuerda de que no vivirás con el pensamiento de los compañeros anteriores, o la pornografía. Entonces oren juntos durante el reinicio. Pide perdón si necesitas hacerlo, y ofrece el perdón si debes hacerlo. Agradécele a Dios que ahora los dos son una nueva creación y «una sola carne».

Ahora viene lo divertido: planifica una cena especial donde se comprometen empezar de nuevo. ¡Y entonces hagan su reinicio visible! Compren sábanas nuevas. Cambien la posición de la cama en la habitación. Compren nuevas velas o almohadas. Hagan algo diferente para que puedan ver que «ahora somos diferentes».

Hasta quizás sea de ayuda añadir algo de humor a esta lucha consiguiendo un zumbador, entonces cuando resurgen las heridas del pasado o los recuerdos del pasado invaden sus pensamientos, aprietan el botón del zumbador. Algunos juegos de mesa como Taboo tienen zumbadores. Mantén uno al lado de tu cama. De ahora en adelante, si sientes ansiedad o la atracción a los argumentos viejos, sospechas o heridas, saca ese zumbador y di: «Tengo que darle otro apretón a este botón de reinicio». Dale un apretón, sacúdete, ríete y empieza de nuevo.

Para las parejas luchando con la pornografía: 6 cosas que deben hacer

Si uno o los dos mira pornografía, eso debe parar. No valen los «si», «y» o «pero». La pornografía alimenta el tráfico sexual y lastima a gente verdadera. Estas conductas cambian la configuración cerebral para que la excitación se produzca con una imagen o un vídeo en lugar de una persona, y esto arruina la intimidad. No se puede tolerar en una relación amorosa y comprometida. Entonces, aquí está la sinopsis de una estrategia para vencerla.

1. Sácalo a luz.
Si tu cónyuge utiliza la pornografía y no quiere hablar con nadie de ello, y no te permitirá hablar con nadie sobre ello, tú cónyuge no está comprometido a cambiar. El verdadero arrepentimiento debe ir acompañado por la confesión a otros. Si tu cónyuge insiste en ocultar su teléfono o computadora, entonces invita a un amigo, mentor,

pastor, consejero u otra persona a quien respete para que hable con ellos y contigo y di: «Esto no se tolerará más».

2. Identifica tus activadores.

Para el usuario de pornografía: ¿En qué momento te sientes más inclinado a mirar pornografía? ¿Es por aburrimiento? ¿Estrés? ¿Enojo? ¿Te sientes distante de tu cónyuge? Elabora un plan para disminuir esas activaciones, y haz una lista de actividades alternativas que realizarás cuando se produzcan sentimientos negativos. Por ejemplo, si la atracción a la pornografía es más fuerte cuando estás aburrido, comienza a leer y mantén libros por toda la casa. Empieza algún pasatiempo dentro de la casa con el que rápidamente te puedas ocupar, que no involucre una pantalla, como hacer rompecabezas, pintar, gimnasia, o cocinar. Si el estrés es un activador, empieza un programa de ejercicios o un pasatiempo al aire libre como caminar, andar en bicicleta u observar aves, o pasa más tiempos con amigos que te rejuvenezcan.

3. Instala bloqueadores en tu computadora/teléfono/ dispositivos.

Instala bloqueadores en tus dispositivos. Los filtros no curarán una adicción a la pornografía, pero reducen la tentación. Si tienes que pasar por obstáculos para acceder a la pornografía, es más probable que recuerdes que quieres cambiar, escucharás al Espíritu Santo, y te detendrás. Esto es lo equivalente a que un alcohólico se deshaga del alcohol en su casa. No curará la adicción, pero sí hace que sea más difícil activar esa tentación, y así prepara el entorno para la sanidad.

4. Busca la rendición de cuentas y el asesoramiento.

El uso de la pornografía a menudo surge de las cicatrices emocionales profundas, y luego el mismo uso de la pornografía produce sus propias cicatrices. Los usuarios pueden beneficiarse de la asesoría. Cuando empieza el uso de la pornografía a menudo se detiene el desarrollo emocional porque los usuarios usan la pornografía como un mecanismo de escape cuando viven algo negativo. Debido a ese hábito, muchos usuarios de pornografía nunca aprenden a lidiar adecuadamente con las emociones negativas. Por medio del asesoramiento y los grupos de recuperación, algunas de estas cicatrices pueden ser sanadas, lo cual también reducirá la atracción a la pornografía.

5. Recupérate de los reveses.

Muchos usuarios de pornografía en recuperación caen. Quizás puedan liberarse por unos meses o quizás algunos años, y cuando experimentan estrés o aparece un activador, vuelven a la pornografía por un tiempo. Cuando esto suceda, confiesa, arrepiéntete, pero no te desesperes. Identifica los activadores, trata con ellos, y toma acciones que hagan menos probable reveses futuros.

6. Luchen contra la pornografía, no entre ustedes.

Cuando una mujer oye que su marido ha estado mirando pornografía a menudo se sentirá violada, traicionada y hasta disgustada. Es importante que ella tenga tiempo para procesar esto y quizás también necesite ver a un consejero. Pero si el esposo (o la esposa, si ella es la usuaria de pornografía) está comprometido a abandonar la práctica y buscar ayuda, entonces juntos deben intentar luchar contra la pornografía en lugar de pelear entre ustedes. Ayúdense mutuamente a minimizar los activadores. Oren unos por otros. Intenta no mirar a tu cónyuge a través del lente de la pornografía, sino aliéntense y afírmense mutuamente. Esto lo pueden superar; muchas parejas lo han logrado. ¡Y a Jesús le encanta tomar lo que fue dañado y quebrantado y restaurarlo!

Día 3

Acéptala tal como es

Una pregunta para cada mujer: ¿eres hermosa?

Contemplar la respuesta a esa pregunta probablemente acumuló mucha culpa a tus pies. Te sientes fea. Te sientes muy grande. Te sientes que no llegas a la norma.

Y hombres, quizás miran a su esposa y piensan que es hermosa, pero prácticamente puedo garantizarles que ella no lo cree. Dondequiera que se vuelve ella ve imágenes y dice que nunca será suficiente. Cuando nosotras las mujeres nos sentimos poco atractivas, nos sentimos claramente poco sexi. ¡El desafío de hoy es ayudarte a que la aceptes tal como es!

Primero, miremos a la raíz del problema. En todo el mundo las mujeres tienen un deseo mucho mayor de ser hermosas que los hombres. Algo de esto es probablemente innato y algo de esto es probablemente porque nuestra cultura juzga a las mujeres por su belleza mucho más que a los hombres. Sea cual sea la causa, las mujeres quieren ser atractivas. Si agregamos eso a la obsesión de nuestra cultura por el sexo, la belleza adquiere una importancia aún más exagerada. Cuando el sexo se toma fuera del matrimonio, como lo ha hecho nuestra cultura, el deseo por la intimidad es reemplazado por un mero deseo físico, elevando aún más los aspectos físicos del sexo. Luego, todo lo que te queda es la atracción física. «La sensualidad» se hace algo de importancia vital. Aunque sean otros los aspectos del sexo que nos importan, la obsesión de nuestra cultura con la sexualidad aún nos afecta. Es como si estuviera en el agua. No podemos evitarlo.

Por ejemplo, las imágenes en las portadas de las revistas _Maxim_ y _Cosmopolitan_. _Maxim_ es para hombres y _Cosmopolitan_ es para mujeres, pero aparte de eso son casi iguales. Las dos cuentan con mujeres semidesnudas como si estuvieran al asecho. Esta idea de mujeres voluptuosas y sobresensualizadas ha tomado el control.

Pero la mayoría de las mujeres no se ven así. De hecho, ni siquiera se ven así las supermodelos. Todas son retocadas con software para imágenes. Pero la mayoría de las mujeres viven su vida sintiéndose inferiores. Parte de sentirse sexi es sentirse cómoda consigo misma y muchas mujeres tienen tanta vergüenza de sus propios cuerpos que hacen lo máximo para no pensar en ellos. Los escondemos en ropa de gran talla. Tratamos de ignorarlo porque cualquier cosa que nos recuerde nuestros cuerpos físicos, también nos recuerda que somos inadecuadas. Es por eso que las mujeres a menudo nos disociamos de nuestros cuerpos. ¡Y cuando nos disociamos de ellos es muy difícil entrar en humor!

Una de las cosas más frustrantes para mi marido era cuando él me proponía y yo le respondía: «Es que no me siento atractiva». El me respondía: «Si yo te quiero, ¡tú eres, por definición, atractiva!». Él era atraído a mí. Pero yo no me sentía atractiva. Esta es una frustración común que enfrentan las parejas. Así que permítanme hablarles francamente a los dos.

Nota para las mujeres

Debido a que las supermodelos son photoshopeadas y que el énfasis de toda nuestra cultura en la belleza es excesivo, ¿vamos a permitir que nuestra cultura establezca nuestra autoestima sexual? ¿Vamos a permitir que nuestra cultura nos haga sentir feas y así robarnos del placer que se supone que debemos sentir en el matrimonio? Damas, si son como yo, están cansadas de los mensajes negativos de los medios sobre cómo deberíamos ser vistas. Entonces, ¡rechacemos esos mensajes!

Dite a ti misma:

No permitiré que nuestra cultura dicte cómo debo pensar de mi cuerpo. Yo fui diseñada para tener placer, sin importar cómo me vea, ¡y me permitiré a mí misma sentirlo!

Irónicamente, en la medida que aceptas y acoges a tu cuerpo, cuidarlo se hace más fácil. A las mujeres con más autoestima se les hace más fácil perder peso. En un estudio, las mujeres que fueron entrenadas para tener una mejor imagen corporal perdieron durante su régimen un promedio del 7 por ciento de su peso, mientras que el grupo de control solo perdió el 2 por ciento.[4] Si tienes sesenta u ochenta libras de más, la respuesta no es regañarte a ti misma por ello. Acepta tu cuerpo y diviértete con él tanto como puedas. Ama a tu cuerpo y lo tratarás mejor.

Nota para los hombres

Ahora una palabra para los hombres. Muchos, si no la mayoría, de ustedes aman y aprecian el cuerpo de su esposa y desearían que ellas pudieran verlo como lo hacen ustedes. El desafío para ustedes hoy será trabajar para lograr esto.

Pero también hay maridos que son más críticos. Recibo muchos correos electrónicos de mujeres que me dicen: «Mi marido está disgustado porque mi cuerpo no se ve como se veía antes de que tuviera hijos. Me dice que ya no se siente atraído a mí. No me quiere lastimar, pero siente que debe ser honesto. Pero no puedo perder peso. ¿Qué hago?».

Quizás tu esposa haya aumentado de peso. Quizás no se vea como las mujeres en las películas o en las revistas (aunque esas mujeres tampoco se ven así). Estas son tus opciones: puedes desmoralizarla aún más y arruinar su autoestima, lo que la hará huir del sexo aún más; o puedes aceptarla, mostrarle que la amas, mostrarle que tú quieres pasar un tiempo maravilloso con ella y aumentar su autoestima. Los estudios muestran que a las mujeres que aprecian sus cuerpos les es mucho más fácil perder peso que las mujeres que se sienten pésimas con sus cuerpos. Lo que elijas es importante.

Hoy tu meta es ayudarla a sentirse hermosa. Esto significa que debes comprometerte a dejar que ella sea la belleza en tu vida. Tus ojos deben ser enteramente para ella. Como dice Proverbios: «¡Que sus pechos te satisfagan siempre!» (Proverbios 5:19, NVI). Esto no está dirigido a las mujeres—*¡asegúrate de mantenerte en forma para que siempre estés hermosa!* Esto está dirigido a los hombres: «¡Goza con la esposa de tu juventud!» (Proverbios 5:18, NVI). ¡Esto es un mandato!

Tú estás en una posición única para ayudar a tu esposa a superar sus inseguridades y aceptar su cuerpo. ¿Lo harás?

Desafío del día 3 para el mejor sexo

PARTE 1

Los dos, por separado, hagan una lista de las cinco características que más les gusta del cuerpo de ella. Consigue un bolígrafo y un papel y escríbelas, o anótalas en tu teléfono móvil. ¡Mujeres, también deben anotar cinco! Anotar tres o cuatro no es suficiente. Todos podemos nombrar cinco cosas que odiamos; hoy escribe cinco cosas que amas. ¡Y no le pidas a tu esposo que te ayude! Es importante que tú misma aprendas a disfrutar tu cuerpo.

PARTE 2

Una vez que cada uno tenga sus cinco cosas, compártanlas entre ustedes de la siguiente manera:

Que ella comparta cada una de las cinco cosas con él. Mientras ella comparte, que él preste especial atención a cada una. Él puede tocar, acariciar, besar, lo que sea. Puedes hacerlo estando ella desnuda, o puedes desvestirla lentamente mientras ella va leyéndolas. ¡Lo que sea que la haga sentir más cómoda!

Algo más: Para hacer esto más sabroso, si ella se siente cómoda, ¡déjala que te muestre cuál disfruta más! Damas, si están orgullosas de sus pechos, vayan al baño, quítense la ropa, y salgan sin nada más que un collar largo y colgante. ¿Te gustan las caderas? Dibuja con un lápiz labial un pequeño tatuaje de un corazón. O puedes hacer esto durante la semana para recordarte de las partes de tu cuerpo que te gustan. ¿Te gustan tus pies? ¡Píntate las uñas de los pies!

Después que ella compartió sus partes favoritas, le toca a él revelar las suyas. Hombres, pueden tocar cada una de las partes que les gusta. Quédense allí un poco más. Besen, toquen, den un mordisquito, ¡lo que sea! Díganle cuánto les gusta cada parte y qué es lo que más les atrae de eso antes de pasar a lo que sigue. ¡Y debes prestar atención a los cinco antes de hacer cualquier otra cosa en la cama esta noche!

8 maneras como Hollywood arruina nuestras expectativas sobre el sexo

1. Ella parece una supermodelo.

Según las cadenas de televisión, las científicas forenses son guapísimas y siempre llegan a las escenas del crimen con talones altos y el sombreado perfecto en los ojos. En Hollywood todos aparentan la perfección. Pero mira a tu alrededor a la gente que conoces a diario. No somos un grupo tan hermoso. La mayoría de nosotras nos vemos bastante normal.

Lo que sentimos: Es fácil pensar que no puedes ser sexi si no coincides con las estrellas del cine o la TV. Hollywood nos dice que lo perfecto es sexi. Por tanto, si tenemos defectos pensamos que no somos sexi. Y cuando no nos sentimos sexi, a menudo nos extinguimos. ¡No dejes que Hollywood te extinga! Hollywood no vale la pena.

2. Él parece un Adonis.

Hollywood no solo retrata a mujeres poco realistas; todo hombre en Hollywood tiene músculos abdominales. ¡Y nunca envejecen! Me recuerdo haber visto una película de los años sesenta, *Matar a un ruiseñor*. Gregory Peck interpretó a Atticus Finch, tenía cuarenta y seis años cuando actuó en ella, y parecía una persona de cuarenta y seis años. La vimos en 2011, cuando Brad Pitt tenía cuarenta y ocho años y estaba en las portadas de casi todas las revistas a la salida de los mercados. Pero Brad Pitt se veía fácilmente quince años más joven.

Lo que sentimos: Ya no se supone que los hombres deben distinguirse; se supone que deben ser sexi. Esto puede deformar cómo las mujeres ven y se sienten atraídas a sus esposos y puede causar que los hombres se unan al club de los inseguros.

3. Las mujeres siempre tienen la libido por las nubes.

Las mujeres quieren tener relaciones sexuales todo el tiempo, tal como los hombres. Hay series enteras dedicadas a este mito: *Sexo en la ciudad*, *Jersey Shore*. Las mujeres están al asecho.

Lo que sentimos: Si las mujeres ven estos programas durante mucho tiempo podrían preocuparse pensando que son frígidas. ¿Si no estás al asecho significa que eres inapetente sexual? No. El deseo y la excitación de la mayoría de las mujeres no se inicia hasta que comienzan a hacer el amor. Aunque algunas mujeres tienen un alto nivel de deseo sexual, la mayoría de las mujeres no lo tienen. ¡Pero eso no significa que no puedas disfrutar cuando haces el amor! Si te entregas plenamente cuando lo haces y crees que tu cuerpo te seguirá, lo más probable es que así será. Pero, por otro lado, si crees a Hollywood esperando hasta que estés completamente excitada para tener sexo, quizás te quedes esperando por mucho tiempo.

4. Los hombres siempre tienen la libido por las nubes.

Los hombres están obsesionados con el sexo. Los hombres siempre están pensando en el sexo.

Lo que sentimos: Según mi encuesta para *The Good Girl's Guide to Great Sex*, cerca del veinticuatro por ciento de las mujeres tienen el impulso sexual más alto en su matrimonio. Para esas mujeres, la conclusión lógica parece ser «Debo ser muy, pero muy indeseable. ¡Los otros hombres están obsesionados por el sexo, excepto el mío!». Pero ¿qué si eso no es verdad? ¿Qué si no todos los hombres *están* obsesionados con el sexo? Si tu esposo no tiene tanto deseo por el sexo como tú, no estás sola, y no estás loca.

5. La pornografía es divertida. (¡No lo es!)

Cuando los personajes de las series de televisión miran pornografía, generalmente es algo de que reírse. A veces las parejas la miran con la esperanza de excitarse uno con el otro. O los hombres miran pornografía la noche que juegan al póker. Es algo natural en la vida.

Lo que sentimos: Los hombres pueden razonar que la pornografía es algo inofensivo. Pero cuando un esposo mira pornografía y le dice a su esposa: «Todos lo hacen». Ella se pregunta: ¿Seré un aguafiestas por pensar que eso está mal? La pornografía destruye al matrimonio. La pornografía no es inofensiva. Conduce a la gente a fantasear, a desasociarse, y no lograr la excitación con una persona sino solo con una imagen. Esto conduce a que la gente busque satisfacción en la pornografía en lugar de hacerlo con su cónyuge y pronto le quita el deseo por el propio cónyuge casi enteramente. Es egoísta. Es explotador. Un matrimonio irá cuesta abajo constantemente si uno o ambos cónyuges miran pornografía, y eso posiblemente sea la razón por la que los consumidores de pornografía duplican la posibilidad de tener divorcio.[5]

6. El matrimonio es aburrido.

En los años 1990 mi esposo y yo mirábamos la serie *Amigos*. El humor de Chandler coincidía con el nuestro y nos encantaba. Pero una noche, después de un episodio particularmente obsceno, nos dimos cuenta de que en esencia estábamos mirando una serie de gente que iban a la cama unos con otros. Y dejamos de mirarlo.

En Hollywood, las escenas más calientes del sexo generalmente ocurren la primera vez que una pareja se encama. La conquista lo hace muy atractivo. La mayoría de las series giran en torno a ganar a la nueva persona para tener relaciones sexuales. En el matrimonio, una vez que has vivido esa «primera» vez hace décadas, parece algo aburrido en comparación.

Lo que sentimos: El sexo siempre debe ser nuevo, fresco y excitante, pero a veces el matrimonio es lo opuesto de todo eso. Sentimos que nos estamos perdiendo algo y que todo lo que nos queda son las sobras aburridas. La razón por la que no estamos satisfechos, pensamos, es porque estamos con la misma persona que no sabe cómo excitarnos. Cuando en la realidad el mejor sexo es entre los cónyuges casados, ¡ni siquiera los recién casados! (¿Recuerdas que dije que el mejor sexo ocurre entre los años dieciséis y veinticuatro?) El sexo matrimonial no es aburrido, ¡el compromiso es mucho más sexi que las conquistas!

7. El juego previo es innecesario.

La mayoría de las mujeres requieren mucho juego previo para sentirse lo suficientemente excitadas para disfrutar cuando hacen el amor. Y muchas mujeres requieren mucho tacto para llegar al clímax. En la pantalla la gente se toca y se besa, y luego en menos de dos minutos se quitan las ropas y unen sus cuerpos. Nadie toca por cualquier lugar para encontrar las partes correctas del cuerpo para acariciar. Nadie tiene que preguntar, «¿Es este el lugar correcto?». Ellos automáticamente saben, y todos inmediatamente experimentan el sexo magnífico.

Lo que sentimos: Si con solo quitarnos la ropa no es lo suficiente para excitarnos, nos preguntamos si algo está mal. Las mujeres podemos sentirnos extrañas e incómodas pidiendo a nuestros maridos más juego previo porque honestamente pareciera *que nadie más lo necesita*. Las mujeres piensan que todos los demás deben ser mucho más sensibles sexualmente de lo que somos nosotras porque solo dos minutos de toqueteo no nos hace nada. Los hombres también piensan que el juego previo está muy sobrevalorado porque rara vez se lo retrata. A los dos cónyuges les puede parecer que algo está mal con la esposa si necesita más precalentamiento.

8. La pareja siempre alcanza el gran «O» simultáneamente.

Nadie lucha jamás para lograr que el sexo se sienta bien. Desde la primera vez (como en la película *El cuaderno*), las mujeres experimentan un éxtasis absoluto. ¡Y esa felicidad está perfectamente sincronizada! No hay un «asegurarse primero de que ella se sienta bien». ¡No hay ninguna dificultad en alcanzar el gran «O»! Es ridículamente fácil y natural.

Lo que sentimos: ¡Con razón tantas novias nuevas sienten que algo no está bien en sus cuerpos! La mayoría de las mujeres no experimentan automáticamente el orgasmo. No sucede. No digo que no sea posible, pero no es algo muy común. En las encuestas que hice para *The Good Girl's Guide to Great Sex*, solo el sesenta y un por ciento de las mujeres «normalmente» o «siempre» experimentaron el orgasmo cuando tenían relaciones sexuales, y a veces ni siquiera era por medio del coito. Es bueno apuntar a las estrellas, pero si el orgasmo no sucede fácilmente no significa que estén fallando como pareja.

El cuerpo de las mujeres fue creado para requerir más tiempo en excitarse. El cuerpo de las mujeres fue creado de una manera que para que el sexo se sienta bien para los dos, tú debes de tener mucha comunicación. Se tienen que conocer muy bien. Tienes que ser vulnerable. El orgasmo no es automático, y eso es perfectamente normal.

No eres *tú* la que arruina lo que al sexo se refiere; ¡sino Hollywood!

Así que no mires a Hollywood como tu modelo sobre cómo debe ser tu vida sexual. Y no te preocupes por lo que otras personas están experimentando. Lo importante es lo que ustedes dos están experimentando. Avancemos para descubrir cómo hacer que esa experiencia sea maravillosa.

¡PREPARA TUS LABIOS!

¡Recuerdas tus sueños de lo que sería tu primer beso? Miraste por televisión todas esas series especiales después del horario de protección al menor y apenas podías esperar que te sucediera a ti. Te lo imaginabas. Lo practicabas en tu imaginación. Te imaginabas con quién sería. Y en esos días embriagados de la preadolescencia, los besos eran lo más lejos que podías imaginar.

Luego, como muchas parejas, te casaste y el besar llegó a un alto.

No creo que se deba a un malentendido de lo que es besar. Por ejemplo, muchos esposos a veces piensan que el juego previo es besarse, como que es necesario para llegar al fin deseado. Y debido a que muchas mujeres son renuentes a dar un anticipo para algo que más tarde no quieran comprar, por así decirlo, dejan de dar besos para que él no tenga la idea equivocada.

Entonces, el dar besos es algo que ella busca evitar a menos que estén a punto de tener relaciones sexuales. Y él podría evitarlo también pensando que no es necesario a menos que estén en la habitación. ¡Pero eso en una pena porque como esposas los besos nos hacen sentir más cerca de nuestros esposos! Es divertido. Es íntimo. Y molesta a los niños (en una buena manera).

Solo porque no estás segura de que querrás hacer el amor por la noche no es motivo para evitar besarse más temprano en el día (ahora, si uno de ustedes siempre se lo niega al otro, eso es un problema, pero trataremos eso más adelante en el mes). Si evitas los besos, entonces las

mujeres somos especialmente privadas de una de las maneras principales de elevar nuestras libidos, y casi está garantizado que más tarde
ella *no* querrá hacer el amor.

La mayoría de las parejas se besan solo como juego previo, no por
afecto a lo largo del día. O si se besan, es solo un piquito rápido. Así
que quiero que comiencen a besarse, a besarse de verdad, ¡todos los días!

CONSEJOS PARA BESAR

- Saliva: A algunos les gusta; a otros no. Descubre las preferencias
  de tu cónyuge (¡y dile a tu cónyuge las tuyas).
- Lengua: Lo mismo. A algunos les gusta. A otros no. ¡Hazlo con
  moderación! Si tu cónyuge es demasiado feliz con su lengua,
  dile: «Déjame besarte por treinta segundos para que veas como
  se siente». ¡Entonces hazlo con entusiasmo!
- Las pastillas de menta son tus amigas. Llévalas contigo en la
  cartera y úsalas a lo largo del día. Los cepillos de dientes son
  también tus amigos.
- Usa tus manos. Acaricia la espalda de tu cónyuge, los brazos, la
  cabeza o donde te guste.
- Disfrútalo. Especialmente a los hombres les digo: No se apuren
  para cambiar los besos en otra cosa. El romance de los besos
  la pondrá en funcionamiento. Si apuras las cosas y empiezas a
  manosearla o a tocarle los pechos cada vez que la besas, lo más
  probable es que la apagarás. Piensa en los besos como un ape-
  ritivo muy rico antes de la comida. No te lo tragas para poder
  llegar a la comida; lo disfrutas por lo que es. ¡Así que bésala! La
  harás sentir amada y querida.

Desafío del día 4 para el mejor sexo

Programa el temporizador de la cocina y bésense al menos quince
segundos. Es asombroso cuánto tiempo pueden parecer quince segundos. Repite esto todos los días (y no solo por la noche mientras estás
en la cama). Te sentirás más cercano a tu cónyuge y el sexo se sentirá
más íntimo.

DESPIERTA SU CUERPO

A muchas mujeres no les gusta su cuerpo y por eso a menudo nos sentimos desconectadas de él. Pero si estamos desconectadas de nuestros cuerpos, no sentiremos mucho placer.

Esa desconexión podría ser porque nos sentimos avergonzadas de nuestros cuerpos o del sexo en general. Podría ser que ustedes, como pareja, nunca hayan descubierto cómo hacer que el sexo se sienta bien. Y podría ser porque ella está empezando a dudar si es que *puede* sentirse bien.

El enfoque de hoy es asegurarle a ella que su cuerpo puede en verdad sentir placer y mostrarle a él que puede proporcionárselo. Y aunque en las películas la gente se manosea y enseguida caen en la cama en un placer extático, la mayoría de las mujeres no funcionan así. Les lleva mucho más tiempo.

Para aquellos de ustedes que han visto la película *El cuaderno*, sabrán que Allie, que es virgen, tiene el mejor sexo la primera vez que lo hace. Ella hace el amor locamente apasionada con Noah y todo le resulta asombrosamente maravilloso, incluyendo un clímax estrepitoso.

Las mujeres miran ese tipo de cosas y piensan: «Así es el sexo para todos excepto para mí. Soy anormal. Tengo que hacer mucho esfuerzo para sentirme excitada, y aun así no estoy segura de que me pueda excitar. No me va a resultar nunca». Los hombres al ver esto pueden pensar: «¿Qué le pasará a mi esposa? ¿Por qué actúa siempre de la misma manera?».

Espera un momento.

¿Te acuerdas del día 2, cuando abordamos el tema de las mentiras que creemos? Una de las mentiras más comunes para las mujeres es: «Nunca llegaré a sentir placer». No es verdad.

A menudo me gustaría poder llevar a las parejas atrás en el tiempo antes de la noche de bodas, o antes de la primera vez que tuvieron relaciones sexuales y decirles: «En lugar de enfocarse en la relación sexual, *enfóquense en la excitación*». Asegúrate de que ella se sienta bien, sin importar si llegan a tener la relación sexual. En cambio, hacemos lo contrario. Hacemos la relación sexual sin importar si la excitación toma lugar. Esto puede cimentar el pensamiento en la mujer: «No sé, pero yo no disfruto mucho de esto». Esto puede cimentar el pensamiento del hombre: «Lo único que importa es el coito, lo demás no es tan importante».

¡Cambiemos todo eso hoy!

Las mujeres fueron creadas con una parte del cuerpo diseñada específicamente para sentir placer, y a lo largo del mes hablaremos más sobre el clítoris. Solo porque las mujeres tienen esa pequeña parte del cuerpo no significa que se estimula lo suficiente en unos pocos minutos para hacer que el sexo sea maravilloso.

En cambio, esto es lo que sucede con muchas parejas:

Él toquetea un poco intentando hacerla sentir bien, pero tal vez no sepa la manera correcta de tocarla porque a los hombres y las mujeres les gusta ser tocados de formas diferentes. A los hombres les gusta tocar firmemente; a las mujeres les gusta que sea con más suavidad. Si un hombre toca a una mujer de la forma que él quiere ser tocado, no será placentero.

Él podría tocarla con un poco de firmeza, que no dará placer, pero ella tendrá vergüenza de hablar. Ella piensa: «Creo que no me gusta que me toquen los pechos», o «quizás no sea tan sensible».

Su ansiedad va aumentando sobre por qué no está sintiendo placer, así que ella intenta fingir algunos sentimientos de placer. Eso solo agrava el problema porque cuando estamos ansiosas no podemos relajarnos, y cuando no podemos relajarnos no nos excitamos muy fácilmente.

¿Estás tú en ese ciclo vicioso? Quizás no lo estés y solo quieres unos consejos sobre cómo hacer que el sexo sea aún más estupendo. Por el momento todo está bien, pero te gustaría condimentar un poco más las cosas. Eso es maravilloso, ¡y creo que este mes aprenderás mucho!

Pero algunas parejas tienen problemas graves en la habitación, y pasar por este proceso de 31 días es difícil. Cuando estaba preparando la serie para mi blog, recibí este correo electrónico:

Por cierto, el sexo en mi matrimonio ha sido un aspecto muy difícil desde que nos casamos. Sin importar lo que hemos intentado, nada ha mejorado. Está peor. El blog publicado ayer sobre las mentiras fue doloroso. Es como si hubieras escuchado en mi monólogo interior y compartido con todos. Estaba muy molesta y agradecida.

Tal vez necesite escribir algunas tarjetas para recordarme las verdades que has compartido.

Le pedí a mi esposo que haga esto (la serie) conmigo. Enseguida estuvo dispuesto, porque él sabe cuánto yo he luchado con eso. Y anoche empezamos.

Guau, hacía mucho que no hablábamos como lo hicimos. Fue algo sorprendente. Y aunque nos falta mucho camino por recorrer, gracias por hacer posible que abramos las líneas de comunicación.

Anoche, yo quería llorar porque sentí que quizás, solo quizás, hay esperanza de que me convierta en la mujer que Dios quiere que yo sea, la mujer que mi querido DH (esposo) ha orado que sea, la mujer que debería ser.Hoy quiero darte un desafío que esperamos les dé a ambos aún más confianza y aliento.

Desafío del día 5 para el mejor sexo

Enciende algunas velas, consigue un calentador de espacio o ventilador para asegurarte de que tu dormitorio se sienta cómodo, y consigue un poco de aceite de masaje. Consigue un temporizador y ajústalo a quince minutos. En los próximos quince minutos, mientras ella se queda quieta, él explorará su cuerpo sin ninguna expectativa de que ella sienta un orgasmo. ¡Y no pueden hacer el amor! Esto no es juego previo. Esto es solo *juego*. Ahora veremos unas instrucciones especiales para los dos:

DESAFÍO PARA ELLA

- Si él es muy tosco en su toque, dile suavemente (o toma su mano y muéstrale cómo hacerlo mejor).

- Si algo te pone nerviosa (por ejemplo, si tienes ansiedad por un abuso anterior), pídele que siga a otra parte diferente del cuerpo. Y si necesitas tomarte un tiempo de descanso eso también está bien. Pero trata de permitir que él te siga tocando, aunque sea solo en los lugares donde te sientes «segura».

- Esfuérzate lo mejor posible para concentrarte en lo que él está haciendo. No te preocupes por el temporizador. No te preocupes si él se siente asqueado o si no lo quiere hacer o si le parece que eso es tonto. En cambio, presta atención a tu cuerpo. Pregúntate: «¿Qué es lo que quiere ser tocado ahora?». ¡Quizás cuando te hagas esas preguntas te des cuenta de que *sí* quieres ser tocada!

- ¡No te preocupes con el orgasmo! Con toda honestidad. A veces la razón por la que no podemos experimentar el placer es porque estamos pensando demasiado en el objetivo. Solo relájate y trata esta atención como un regalo.

- Como probablemente él estará bastante excitado, siempre puedes hacer el amor después si quieres. Dale el regalo de no tener que preocuparse de que tú te sientas bien. El propósito aquí es alejarte del pensamiento de alcanzar un objetivo y tan solo aprender que en verdad tu cuerpo puede sentir placer. ¡Esto es más fácil de hacer cuando no hay presión y estás relajada!

- Podría ser que estás muy nerviosa y te cuesta relajarte durante esos quince minutos. Si es más fácil, inténtalo en la bañera. Y si la primera vez no resulta bien, no te preocupes. A veces debemos repetir el ejercicio varias veces antes de que nos sintamos bien. Usa mucho aceite de masaje, y si estás nerviosa, alienta a tu esposo a concentrarse en tus piernas y espalda y lentamente ir haciendo entrada a tus zonas erógenas tradicionales. La meta es aprender a relajarse y simplemente *sentir*.

DESAFÍO PARA ÉL

- Comienza despacito. No empieces directamente con los senos o el clítoris de ella. Masajea su espalda o la parte trasera de su muslo. Generalmente es mucho más excitante cuando se llega paulatinamente que si te lanzas directamente, especialmente si ella está ansiosa.

- ¡No permitas que ella torne esto en algo solo para ti! Si ella está nerviosa de sentirse bien o por recibir toda esta atención, tal vez ella trate de decirte: «Está bien, ya está, ¡hagamos el amor!». No cedas, dedícale los quince minutos completos. Muchas mujeres sienten vergüenza o tienen miedo de permitir que sus cuerpos sientan de verdad. Muchas mujeres tienen vergüenza de ser el centro de atención, que es un obstáculo enorme para abrazar su sexualidad. Hazle este regalo a tu esposa.

- Esto es lo más difícil: antes de comenzar determina en tu corazón y mente que no permitirás que esto vaya a ningún otro lado. Ahora bien, ella después de esto *podría* querer hacer el amor, pero el mejor regalo que le puedes dar es decirle: «No hay expectativas, solo quiero que lo disfrutes». Luego tócala sin esperar o exigir nada más. Para muchas mujeres el sexo se ha convertido en una obligación, y eso *no* es sexi. El propósito de este ejercicio es ayudarle a que ella vea que su cuerpo puede experimentar el placer. Si conviertes esto en una obligación, quizás ella no pueda relajarse lo suficiente para sentirse excitada. Y no te preocupes; ¡tu turno está llegando! Pero permite que esta noche sea su regalo y su despertar, aunque te resulte un poco frustrante.

10 cosas que podrías no saber sobre las mujeres y la excitación

Aunque podrías estar bastante familiarizado de cómo sucede la excitación con los hombres (después de todo, esto es muy visible), la excitación de las mujeres podría ser un poco misteriosa. Aquí presento diez cosas que quizás no sepas.

1. Las mujeres también tienen erecciones.

La señal principal de la excitación del hombre es la erección del pene, que es muy difícil de no darse cuenta (aunque también hay otros signos). Pero los hombres no son los únicos que aumentan de tamaño con la excitación. El clítoris puede aumentar de tamaño de tres a cuatro milímetros de alto a ocho milímetros (aunque en algunas mujeres puede aumentar mucho más). Cuando el clítoris se vuelve erecto, el flujo sanguíneo aumenta a los genitales y la vulva se congestiona para hacer que la penetración sea más fácil.

2. Las mujeres tienen varios signos fisiológicos de excitación.

La erección del clítoris y la congestión genital no son los únicos signos de excitación. Los pezones de las mujeres se vuelven erectos y la areola (la parte más oscura alrededor del pezón) puede aumentar un veinticinco por ciento. A menudo las pupilas se dilatan (lo conocido como «ojos de habitación»), y tendrá la tendencia de respirar más rápido y sonrojarse.

3. Antes del orgasmo el clítoris se retrae por debajo de la capucha para evitar la estimulación directa.

Después del período de excitación, las mujeres experimentan lo que se llama «la meseta sexual», cuando el cuerpo se prepara para el orgasmo. Ella generalmente requiere estimulación para llegar a la siguiente fase. Durante la meseta sexual, la congestión continuará, pero el clítoris parecerá menos erecto porque se retrae por debajo de la capucha del clítoris, apareciendo «plano» contra el cuerpo. Se convierte en una cuestión de menos estimulación directa y más de frotar contra toda la región. Muchos investigadores creen que el «cuerpo cavernoso» del clítoris se extiende por la pared vaginal y forman lo que conocemos como el punto G. En la medida que él frota el hueso púbico durante el coito, eso estimula toda la región y aun la pared vaginal interior.

4. Las mujeres tienen varias zonas erógenas que pueden conducir a la excitación.

Algunas de estas zonas son más intensas que otras, pero las orejas, el cuello, la boca, atrás de las rodillas, los muslos y el interior de los brazos pueden ser zonas erógenas. Los dedos de los pies también (si no tienes muchas cosquillas). Tenemos la tendencia a pensar que los senos y el clítoris son las zonas erógenas más importantes, pero cuando tratas de excitar a tu esposa, es mejor ir primero calentando otras áreas para ayudarla a calmar su mente, acomodarse y esperar lo que viene. Para algunas mujeres, comenzar directamente con el clítoris puede ser abrumante. Especialmente para las mujeres que han sufrido el abuso sexual en su pasado, ir calentando las otras zonas erógenas, o aun con un masaje, puede ayudarla a superar los recuerdos o las connotaciones negativas.

5. El ciclo de respuesta sexual de las mujeres es diferente a los hombres.

El ciclo de respuesta sexual del hombre suele ser así:

DESEO (LIBIDO) → EXCITACIÓN (EMOCIÓN) → ORGASMO →
RESOLUCIÓN

Para las mujeres es un poco diferente:

EXCITACIÓN (EMOCIÓN) → DESEO (LIBIDO) → ORGASMO →
RESOLUCIÓN

Algunas mujeres primero sienten el deseo de tener relaciones sexuales, pero para muchas el deseo de tener relaciones sexuales no se activa hasta que la estimulación, y la excitación, haya empezado. Las mujeres tienen la tendencia a responder cuando se trata de la excitación y el deseo, queriendo decir que tenemos la tendencia a responder a la estimulación en lugar de sentir algo de antemano por nuestra cuenta.

6. A veces (pero no siempre), la excitación puede ser imposible, sin importar el tipo de estimulación que se esté dando, si su cerebro no está «en el asunto».

Aunque el deseo a menudo sigue a la excitación, esto no significa que las mujeres se excitan automáticamente con la estimulación. Puede suceder (más sobre eso en un segundo), pero a menudo el cerebro de las mujeres tiene que estar conectado positivamente, de lo contrario la excitación y el deseo no se producirán. Él puede estar haciendo movimientos sexuales maravillosos, pero si ella está pensando en la lista de compras no estará en el asunto.

7. La excitación generalmente sucede en la mente, no en el cuerpo.

La excitación generalmente sucede así: él le hace algo a ella, y porque ella está prestando atención y está esperándolo su cuerpo le sigue. Cuando su mente no está involucrada, a menudo la excitación durante el sexo puede ser mucho más difícil.

Pero aquí las palabras *generalmente* y *a menudo* son clave. La excitación no *siempre* comienza en la mente. Se conoce que aun las víctimas de violación han tenido orgasmos, y algunos sostienen que esto se debe al hecho de que un gran estado de temor puede hacer que los cuerpos de las mujeres reaccionen aún más que lo reaccionan a la estimulación normal. El simple hecho que una persona esté físicamente excitada no significa que haya dado su consentimiento. Este fenómeno se conoce como la excitación no concordante, cuando la experiencia subjetiva es diferente de la experiencia física. Para muchas mujeres, nuestras mentes quieren ser excitadas, pero nuestros cuerpos no nos siguen. Para otras, nuestras mentes *no* quieren ser excitadas, pero nuestros cuerpos quieren dominar.

8. La habilidad de «acceder» a tus mecanismos de excitación está altamente enlazado a la confianza sexual.

Debido a que la excitación está estrechamente relacionada con activar nuestros cerebros en el proceso, nuestras actitudes hacia el sexo y nuestra confianza sexual están altamente enlazadas a nuestra habilidad de lograr la excitación. Cuando nos sentimos avergonzadas de nuestros cuerpos o de la relación sexual, o cuando sentimos que el sexo es solo para los hombres, seremos menos propensas a poder sentirnos excitadas. Una mujer que es sexualmente confiada a menudo puede sentirse «emocionada» por la vida, ella vive su día confiada de sí misma y de quien Dios la hizo deleitándose en lo que la rodea. Y cuando ella dirige su atención a su sexualidad en lugar de su entorno, la excitación a menudo no está muy lejos. Pero cuando el sexo se convierte en una obligación o parece algo desagradable, entonces el único mecanismo que tiene para la excitación es la estimulación, que no siempre funciona.

9. Una mujer puede estar excitada sin estar «mojada».

Las mujeres pueden sentirse cognitivamente excitadas (¡ella está disfrutando y quiere sexo!) y aun puede tener algo de congestión, pero no sentirse muy húmeda. Algunas mujeres por naturaleza no producen tanta lubricación como otras. La cantidad de lubricación puede también depender del tiempo del mes; a menudo es mucho más abundante justo antes de la ovulación y un poco más ligera después.

Si ella se da cuenta de que no es capaz de lubricarse, aun cuando se siente subjetivamente «excitada», ¡consíguele un lubricante! No cuesta mucho y puede marcar una gran diferencia.

10. Cuando llega la menopausia, una mujer puede sentirse mentalmente excitada, aunque su cuerpo no responda como antes.

Debido a los cambios en los niveles hormonales, después de la menopausia el cuerpo de una mujer a menudo tiene más dificultad con la lubricación. El flujo sanguíneo a los genitales se reduce y los cambios en la pared vaginal hacen que la congestión sea más difícil. Eso no significa que no pueda disfrutar del sexo, solo que ella podría necesitar más lubricación y más estimulación primero. Usa eso como una excusa para dilatar las cosas y tomarlas más lentamente.

APRECIA SU CUERPO

Las mujeres están bajo una tremenda presión para ser hermosas. Pero los hombres tampoco están inmunes. En los últimos diez años, la popularidad de los productos y las rutinas de belleza para los hombres ha explotado, incluyendo la cera y la «depilación masculina». Las modas del gimnasio y la presión de tener abdominales marcados han dejado a los hombres sintiéndose inadecuados.

Hoy vamos a resolver estas dudas ayudándola a ella a disfrutar la exploración del cuerpo de él y hacerlo sentirse deseado.

Pero primero quiero decir algo sobre cómo la atracción difiere para los hombres y las mujeres. Mientras que lo que resulta más sexi para los hombres se relaciona con el cuerpo de ella, para las mujeres no siempre es así. Me acuerdo de que mi hija Katie me dijo que lo más sexi de su esposo, David, que tiene los abdominales marcados, era cuando estaban saliendo de novios y ella lo vio jugando con el hijo de dos años de un amigo. Verlo a él alrededor de los niños la derritió.

En Cantar de los cantares, muchos de los rasgos que la mujer encuentra atractivos del hombre no son atributos físicos. Son su voz, su fuerza y su prestigio. Entonces, no te sorprendas si lo que tu esposa encuentra más sexi en ti no sean solo tus atributos físicos, ¡aunque de todos modos esos rasgos la atraerán a disfrutarte físicamente!

Una nota para las esposas

Quizás su cuerpo ha cambiado. Él hacía que tus rodillas se tambalearan cuando te casaste, pero los años han dejado su huella y ahora es difícil mirarlo y decir, ¡qué bombón! Él lo siente. Él también está preocupado por esto.

Por cierto, a las mujeres se les somete a unos estándares ridículos de belleza, pero cada vez más, a los hombres también. Miramos películas como la serie Bourne, donde un joven muy buen mozo y musculoso puede derrotar al malo con un solo golpe al cuello. Y, por otro lado, nuestro hombre, está sentado junto a nosotros en el sofá, mirando la película equilibrando un tazón de chips sobre su estómago.

Miren, chicas, si vamos a quejarnos de cómo las mujeres siempre se sienten teniendo que estar a la altura de un ideal loco, entonces, ¡no exijamos lo mismo de nuestros esposos! Quizás tu esposo esté un poco más pasado ahora, y no está en la misma forma que estaba cuando caminó contigo por el pasillo del altar. Pero con el tiempo también han compartido recuerdos, intimidades y confidencias. Han construido una vida juntos. Y el sexo es mucho más que lo físico; también nos une emocional y espiritualmente. Vamos a concentrarnos en esa conexión asombrosa y quizás que él haya subido de peso, perdido algo de músculo, o esté luchando con ese punto calvo no importará tanto.

También acuérdate que en los matrimonios donde el marido mantiene un cuerpo firme, esos primeros sentimientos de infatuación se desvanecen. No siempre sentiremos que nuestras rodillas se tambalean cuando miremos a nuestros esposos. Lo atractivo y sexi no tienen que ser los abdominales marcados; puede ser el solo hecho de que sabes que él te ama y protege, y que pasa tiempo pensando cómo hacerte sentir bien. El amor interesado en hacerte sentir placer es mucho mejor que uno que puede verse impresionante, pero que no aprende cómo funciona tu cuerpo.

Así que pasa tiempo trazando su cuerpo, pero anímalo a que él haga lo mismo contigo. Déjalo darse cuenta de cómo tú funcionas. Si él puede aprender a tocarte como a un violín, puedes conformarte con un poco de abdominales y un poquito de calvicie.

Una nota para los esposos

Lo que hace que un esposo sea un buen amante es la manera que trata a su esposa en la cama, no la manera que se ven sus abdominales marcados. ¡Así que fija eso como tu meta! Si eres un poquito más gordito, asegúrate de apoyar tu peso sobre tus antebrazos cuando estés arriba de ella, o anímala a que ella se ponga arriba. Y cuando hagas el amor, usa mucho juego previo y asegúrate de conocer muy bien su cuerpo. Muéstrale afecto y toma tiempo para darle placer. ¡Eso es lo que impulsará la libido de ella!

Desafío del día 6 para el mejor sexo

Hoy celebrarás los rasgos más grandes que él tiene, y apreciarás su cuerpo. Hombres, piensen en cinco atributos de los que más orgullosos están, que tres de ellos sean físicos. Esposas, hagan una lista de las cinco cosas que ustedes encuentran más atractivas de su esposo, que tres de ellas sean físicas. (Está bien que algunas de ellas no sean físicas. Considero que el trabajo de mi esposo es algo sexi, por ejemplo, y también encuentro que su voz es sexi).

Una vez que hayan identificado los rasgos, compártanlo entre ustedes. Mujeres: Afirmen los rasgos mencionados de su esposo. ¡Muéstrenle cómo se sienten con el cuerpo de ellos! Ajusta el temporizador por quince minutos y explora. Toca, chupa, haz lo que quieras hacer. Familiarízate con su cuerpo. Ahora los hombres: Procuren aguantarse el orgasmo. Dejen que ella explore y descubra cómo ustedes quieren ser tocados. Es empoderante que tú veas lo que a ella le gusta y que ella se sienta sexualmente poderosa. ¡Dale esa oportunidad!

Acomodar las diferencias de la libido

Nunca he conocido a una pareja sin diferencias de la libido.

En casi todas las parejas una de las personas quiere más sexo que la otra. ¡Y no siempre es el hombre el que tiene la libido más alta! En mi encuesta, el veinticuatro por ciento de las mujeres reportaron tener la libido más alta en su matrimonio.

Las diferencias de la libido pueden conducir a la frustración sexual, especialmente para la persona con la libido más alta. Pero lo que realmente quiero hablar hoy es el problema que a menudo revela esa diferencia de libido: los dos se sienten no amados.

El que tiene la libido más alta piensa: «¿Por qué será que ella no me desea?». «¿Será que ella no me ama?». «¿Por qué será que él no quiere conectarse conmigo?». «¿Será que él no quiere estar conmigo?». Debido a que el sexo es mucho más que lo físico, cuando alguien anhela el sexo en realidad está deseando mucho más que eso. Lo que busca es la verdadera intimidad. Cuando el cónyuge no está interesado en el sexo, puede parecer como que no tiene interés en la unidad. Y el asunto no es que el cónyuge esté rechazando el sexo; es que el cónyuge *les* está rechazando.

Los cónyuges con baja libido quizás no experimenten la intimidad durante las relaciones sexuales de la misma manera (algunos, con certeza, pero en otros casos no). La mayoría quiere seguir sintiendo la intimidad, pero el sexo no es su vehículo principal hacia la unidad. El afecto, el toque físico, pasar tiempo juntos, buscar juntos a Dios, o alguna otra cosa que ellos valoran puede ser lo que les ayuda a sentirse conectados y seguros. Cuando el cónyuge de más libido quiere tener relaciones sexuales antes que estas otras cosas, el cónyuge con menos libido puede terminar pensando: «No me ama de verdad; él solo me ama por lo que puedo hacer por él». O «Ella siempre me está molestando sobre el sexo, pero no le importan las cosas que realmente son importantes».

Lo que agrava este problema es que a menudo vemos al sexo como algo degradado, mientras que podemos ver el afecto en un plano superior. Tendemos a pensar que el amor verdadero es sacrificarse y servir, no revolcarse en el heno. Esta no es una visión apropiada del sexo (esto lo veremos cuando iniciemos nuestra semana sobre la intimidad espiritual), pero debido a que a menudo se considera al sexo como algo «sucio», la asociación permanece.

Todo esto muchas veces resulta en un matrimonio en que dos personas se aman, pero no se sienten amadas; aun cuando no hay nada particularmente malo en el matrimonio. ¡Veamos cómo podemos navegar por este campo minado!

Antes de que hagas el desafío de hoy, repasemos algunas cosas importantes que debemos abordar. Estoy usando los términos *la libido alta* y *la libido baja* en lugar de «más alta» y «más baja» porque lo que más importa es la *diferencia* de la libido, no la libido en sí misma. Solo porque alguien tiene una libido baja no significa que tenga una libido más baja. Y solo porque alguien tiene una libido alta no significa que tenga una libido más alta. ¡La libido ni siquiera es estática! Alguien en la época de los exámenes finales en una universidad de derecho podría tener una libido alta, pero terminar con una libido baja durante esos pocos meses. La libido es afectada por el estrés como también por la salud física, mental, emocional, relacional, el nivel de aptitud física, el cansancio, los medicamentos, el luto y otras cosas. Si tu libido está baja por una causa fácilmente discernible eso podría arreglarse, así como la testosterona baja. Yo te alentaría que consultes con un médico. Si el problema está en tu nivel de aptitud física, entonces mejorar tu salud también puede aumentar tu libido.

Y, como hablamos anteriormente, si el asunto es un problema de relación donde la confianza aún no ha sido totalmente repuesta, entonces el tiempo acompañado de un comportamiento digno de confianza puede también mejorar la libido.

Por cierto, con el tiempo y a medida que se aborden algunas de estas cuestiones, ¡las parejas podrían descubrir que sus libidos cambiaron por completo! Si la libido es una lucha para ti y nunca quieres sexo, te aliento a que continúes avanzando con los desafíos de este mes con una mente abierta, y fíjate si puedes experimentar algunos avances.

Desafío del día 7 para el mejor sexo

1. Reafírmense uno al otro

Primero, los cónyuges con la libido baja: por favor, entiende que tu cónyuge te ama. Por cierto, la razón de que quiere hacer el amor tan seguido es *porque* te ama. Ahora, los cónyuges con la libido alta: por favor, entiende que tu cónyuge también te ama. El rechazo de tu cónyuge al sexo no es un rechazo de ti, sino una preferencia por otra manera de conectarse.

Uno a la vez, toma la mano de tu cónyuge, mírale directamente a los ojos y reasegúrale tu amor y tu deseo de tener intimidad.

2. Muéstrale tu amor

Si el mayor problema relacional de las diferencias de la libido es el sentimiento de no ser amado, veamos cómo podemos asegurarnos de que cada uno de ustedes se sienta amado. Los dos tomen un papel y un bolígrafo y escriban cinco cosas que el otro cónyuge puede hacer por ti para ayudarte a que te sientas querido y valorado. (Y está bien que el sexo sea una de esos cinco; ¡simplemente asegúrate de incluir cuatro más!). Procura elegir cosas que sean relativamente fáciles de hacer y que no requieran mucho tiempo ni dinero, así como: «tráeme una taza de café a la mañana mientras me estoy preparando» o «tómame de la mano cuando miramos una película» o «en algún momento del día envíame un mensajito de que estás pensando en mí». Ahora intercámbiense las listas, y comprométanse a intentar hacer varias de estas cosas en la semana. Se darán cuenta de que, si cada uno se siente querido y amado, entonces desear sexo se sentirá a menudo más natural para el cónyuge con la libido baja.

3. Muéstrale deseo

¡Vamos a repetir uno de los desafíos de los últimos dos días! Este es para el cónyuge de libido bajo: muéstrale a tu cónyuge que para ti es deseable. Hoy no es el día para explorar el cuerpo de tu cónyuge por tu propio bien como lo es de excitar a tu cónyuge. Muéstrale a tu cónyuge que disfrutas de su cuerpo. Mientras que en los dos días anteriores el propósito era disfrutar explorando el cuerpo de tu cónyuge, el propósito para hoy es darle placer. De hecho, ¡apuntar a que tenga un orgasmo está perfectamente bien!

Una nota más para las mujeres que tienen la libido baja: El beneficio añadido a este desafío es que te sientas poderosa. A veces, nosotras las mujeres, somos pasivas en la cama dejándolo a él hacer la mayoría de las cosas. ¡Pero de este modo nos perdemos de mirar el efecto que podemos tener sobre nuestro esposo! Toma esos quince minutos y mira cómo lo puedes hacer gemir hasta el punto de que se pondrá a rogarte por un alivio. Chicas, ¡eso es poder! Así te desea a *ti*.

Al final de esos quince minutos, hagan cualquiera cosa que los dos quieran hacer. Pero toma todo ese tiempo para tocarlo. Debido a que los hombres a menudo están preocupados si sus esposas sienten placer, tener un interludio sexual dedicado para hacerlo sentir bien, le quita la presión y lo pone en las nubes.

Charla motivacional #1

Los últimos días han presentado grandes desafíos (no te preocupes; los próximos días no serán tan intensos). Algunos de ustedes, invariablemente, pueden haber tenido dificultades algunos de esos días. Cuando publiqué esta serie en mi blog, una mujer dejó este comentario después del desafío sobre explorar el cuerpo de su esposo: «Este parece imposible para mí. Tengo un historial de abuso, muchachos obligándome a tocarlos, así que tengo una aversión a tocar a mi marido sexualmente. Disfruto de la relación sexual, pero cuando la hago no lo toco mucho. ¿Será que podré superar esto?».

Otras mujeres me escribieron diciendo que les atemorizaba pedirles a sus esposos que las tocaran por quince minutos. Significaba ser muy vulnerables.

Pero hubo otras que experimentaron avances, como esta mujer:

El asunto de los besos ha sido un gran problema en nuestras vidas porque mi esposo tuvo muchos problemas con sus dientes, así que no nos besábamos. Pero cuando consiguió arreglar sus dientes, habíamos dejado de besarnos. Es algo que siempre extrañaba, pero cuando lo mencionaba terminábamos peleando. Así que cuando leí el blog sobre los besos me puse algo nerviosa. Pero lo hicimos y anoche nos besamos como no nos hemos besado en años. Mientras escribo esto estoy por empezar a llorar. Fue tan maravilloso, y hoy me siento más cercana a mi esposo de lo que me he sentido antes. Es como que abrió algo dentro de mí. Como una nota al margen, eso me condujo al primer gran O que he tenido en los últimos seis meses.

Gracias, y no puedo esperar a ver lo que está preparado para el resto del mes.

Algunos de ustedes están avanzando estos próximos 31 días solo buscando una afinación, o alguna manera de girar la perilla de 9 a 10. ¡Eso es maravilloso! **Si este es tu caso, siéntete libre de proceder directamente al día 8.**

Pero muchos de ustedes, en lo que al sexo se refiere, tienen muchos problemas sea porque han traído a su matrimonio asuntos del pasado o porque el matrimonio les ha dado cargas. El sexo es un área que los lleva a pelear mucho y es como que nunca se han conectado. Y sientes preocupación y te preguntas si las cosas mejorarán.

Es por eso que hoy quiero darte la oportunidad para que obtengas algo de perspectiva, te relajes y puedas reflexionar.

Yo creo firmemente que con la mayoría de las cosas en la vida lo que importa no es tanto dónde estamos, sino la dirección a la que nos dirigimos. Si en el pasado has disfrutado una gran vida sexual, pero ahora apenas hablan entre ustedes y están súper ocupados, probablemente están en un estado peor que la mujer que nunca experimentó un orgasmo, pero que está entusiasmada por conectarse con su esposo y tratar de resolver cualquier problema. A largo plazo, la persona con la actitud y las metas correctas saldrá mejor que la persona que comenzó bien, pero que no hace el esfuerzo por mantener lo que tenía.

El propósito de estos 31 días no es para que te compares con otra persona, ni tampoco es para obligarte a que logres algo. Sino que solo avances en la dirección correcta. Esto es una bifurcación de caminos, y tú tienes que decidir caminar a lo largo de la carretera que te llevará más cerca de la intimidad real en todos los niveles. Esto no significa que llegarás a tu destino, ¡ni tampoco que debas hacerlo! Pero al menos que estés avanzando en la dirección correcta.

Por tanto, aquí hay algunas cosas que debes hacer para que este desafío de 31 días te dé resultado.

No seas conducido por las metas. Condúcete hacia la dirección que te diriges.

No te presiones. Solo comprométete a mantener una mente abierta, una actitud positiva, ¡y un espíritu de «intentaré lo que sea »!

Adáptate para ajustarte a tus circunstancias.

Después del día 6, le dije a la mujer que me escribió sobre el abuso en su pasado que cambie de desafío para que en lugar de que ella estimule a su esposo sexualmente, se acostumbrara a disfrutar sintiéndolo desnudo, aunque todo lo que hiciera fuera darle un masaje. Tú te conoces mejor; si tienes que adaptarte, adáptate.

Pero intenta hacer los desafíos porque la forma en que los he configurado, por lo general, no son intimidantes. No estoy tratando de llevarte a que hagas algo en particular; estoy tratando de instarte a que explores. Por ejemplo, con el desafío del día 6 ella es la que está en control, algo que a menudo es mucho menos aterrador para una mujer con situaciones en su pasado. Si ella está en control y fija los parámetros, a veces es más fácil para que ella pueda disfrutar.

SÉ PACIENTE CON TU CÓNYUGE.

Si tu cónyuge no está aceptando los desafíos tanto como te gustaría o está actuando nervioso, sé paciente. No puedes forzar la intimidad. Muchos de nosotros tenemos cosas del pasado que nos impiden avanzar. La mejor forma de lidiar con esto es la suavidad. La exasperación o la impaciencia a menudo aleja a la gente.

Si tu cónyuge está luchando, vuelve a asegurarle tu amor y aceptación y dedicación de que «ambos» sientan la intimidad en el matrimonio. Puedes empezar mostrando paciencia ahora. Dile a tu cónyuge que puedes tomar tu tiempo para hacer las cosas despacito.

Y recuerda: ¡el matrimonio es un compromiso de por vida! Tienes tiempo para hacerlo bien.

Ahora, si estás preparado para pasar a otro desafío esta noche, por favor comienza el día 8. Pero si has estado luchando, quizás sea mejor rehacer uno de los desafíos anteriores o solo pasar la noche abrazados antes de empezar con el próximo desafío. Está bien volver y hacer el día 5 otra vez, o tal vez el 6, hasta que te sientas más cómoda, menos ansiosa, y lista para seguir adelante.

Atención: el próximo desafío incluye algunas ideas para hacer durante el día o antes de ir a la cama, así que quizás sea mejor leerlo juntos en la mañana.

DÍAS 8–11

La risa

(la intimidad emocional)

14 MANERAS DE JUGAR EN PAREJA

Cuando mi hija mayor tenía ocho años, ella me preguntó qué quería para Navidad. Cuando no mencioné ningún juguete, se apenó por mí. «Mami, ¿por qué no te gusta jugar más?».

¿Por qué paramos de jugar? Quizás la muñeca Polly Pocket y las Barbies no te gusten, pero reír, carcajear y bromear debería gustarte, ¡porque es bueno para tu matrimonio y para tu alma!

Hasta ahora, hemos mirado algunos de los obstáculos que nos impiden disfrutar de una buena vida sexual, y para muchos de ustedes esto ha planteado cuestiones de baja autoestima, recuerdos sexuales del pasado y otras cosas. Eso es tremendamente pesado. Hoy, antes de que entremos a otro desafío «sexual», quiero abordar algo que está en la raíz de muchos de nuestros problemas matrimoniales: dejamos de divertirnos juntos. Y cuando dejamos de divertirnos juntos, el matrimonio se hace, lo que diríamos, *muy serio.*

Abordando los problemas en nuestros matrimonios, sea que estén relacionados con el sexo, la paternidad, las finanzas, el tiempo o lo que sea, todo se hace mucho más fácil si también encontramos tiempo para reírnos juntos. Una pareja que se ríe junta es también una pareja que disfruta de estar juntos y encontrarán que navegar todas las dificultades del matrimonio se hará mucho más fácil.

Hoy quiero presentarte una lista de catorce maneras para jugar juntos como pareja. Estos no son juegos necesariamente sexuales, aunque si quieres ciertamente puedes agregarles el elemento sexual. Más adelante en la semana veremos cómo coquetear juntos, pero hoy vamos a enfocarnos en la risa, la risa inspirada por la diversión física. Cuando nos divertimos «físicamente» juntos, a menudo esto va seguido con el sexo.

Antes de iniciar estas ideas de «juego», prepara el ambiente. Si quieres divertirte con tu cónyuge, asegúrate de que esté en el estado de ánimo adecuado y que sepa que algo lúdico está por venir. No sorprendas de repente a tu cónyuge cuando esté ocupado o preocupado con el trabajo. Envíale mensajitos a lo largo del día, bésalo mucho cuando estás en casa, y ríete mucho de antemano. Entonces puedes arremeter.

1. **Empieza una guerra de agua.** Cuando laves los platos, salpica a tu cónyuge con un poco de agua, ¡y fíjate qué sucede! Si no, hazlo un poquito más intenso, consíganse unas pistolas de agua ¡y arranquen con todo! (Quizás esto funcione mejor cuando no es invierno, para aquellos de nosotros en zonas de mucha nieve).

2. **Tira una bola de nieve.** Si la nieve es abundante, envíale un mensajito a tu cónyuge para advertirle que esta noche esté en guardia. Luego prepara una emboscada. Puedes pedirles a los niños que se unan a la diversión también. No hay necesidad de excluir a los niños en el juego físico, y con todos riéndose juntos y terminando sin aliento es todavía un gran preludio a lo que sucederá luego esa noche.

3. **Lucha.** A menudo yo gano los combates de lucha porque hacemos un acuerdo. Tengo que mover a mi esposo (si él está parado) o empujarlo fuera de la cama (si él está acostado). Él no puede usar nada para detenerme, excepto su cuerpo y quizás dos dedos. Yo puedo hacer lo que quiera. Y aun con esas concesiones no lo puedo mover. Pero él se ríe tanto que a menudo pierde. Pero a veces le dejo ganar rápido porque ¿a qué esposo no le gusta llevar a su esposa al lugar exacto donde la quiere tener? Siempre nos divertimos con la lucha, y casi siempre una cosa lleva a las otras cosas.

4. **¡Empieza una guerra de almohadas!** Hazle una emboscada a tu cónyuge con una almohada. Luego, ¡corre mientras trata de regresarte el almohadazo!

5. **Ponle «un pastel en la cara».** Esta noche, ¿comerás un pastel de chocolate? O ¿harás natilla? Úntale la cara, y prepárate para que la untada sea devuelta.

6. **Actúa una escena de una película.** Mi amiga J del blog *Hot, Holy & Humorous* recomienda actuar representando escenas de danzas o escenas románticas de las películas. Ella dice, «apaga el sonido y ustedes dos proporcionen el audio. Vean cómo pueden divertirse inventando libretos sexis». O hagan como hizo Steve Carell y Tina Fey en *Una noche fuera de serie*: cuando estén en público, observen a una pareja hablando e inventen los diálogos de lo que están hablando o describan un escenario gracioso de lo que ellos están haciendo juntos. ¡Ríanse!

7. **Dancen.** ¡Conviertan el piso de su cocina o sala de estar familiar en un salón de fiestas! ¡Suban la música, y muévanse de un lado al otro hasta quedar contentos! Aunque no sepan lo que están haciendo, moverse juntos puede conducir a muchas risas.

8. **Boxeen.** Si tienen un juego interactivo, ¡intenta un juego de boxeo! ¡Aumentará tu ritmo cardíaco y quizás ella logre noquearlo!

9. **Vayan a las canchas.** Juega algunos partidos de squash, bádminton, tenis u otro deporte con raqueta. Haz que el que juegue mejor use su mano no dominante.

10. **Jueguen al Slap Jack hasta lo último.** Cada uno de ustedes tome la mitad del mazo de cartas y tírenlas hacia arriba, una a una. Cuando uno de ustedes da vuelta una J (Jack), ¡les pega a las cartas! El que primero le pega a la carta se queda con el mazo. El ganador es el que se queda con las cartas. Es muy rápido, ¡y estarás tirando las cartas tan duro que terminarás sudando! El ganador obtiene algo que elija, puede ser algo sexual o salvarse de lavar los platos o darse un baño, mientras que el perdedor lleva los niños a dormir.

11. **Juega al voleibol interior.** Infla algunos globos y juega al voleibol sobre la cama, ¡totalmente desnuda!

12. **Haz un concurso de cosquillas.** ¿Quién grita vencido primero?

13. **Convierte las tareas domésticas en un juego.** Uno de mis seguidores de Facebook me dio esta:

Cuando cambiamos la sábana sobre la cama, tenemos que apurarnos para ver quién puede terminar de poner la funda de la almohada sobre la cama en su lugar primero. Se pueden hacer cosas como esconder la funda del oponente, tirar las almohadas a la planta baja, sacarle la almohada al oponente, arrancarle la almohada y tirarla en el pasillo, encerrar al otro en el baño, y luchar por nuestra propia funda de almohada que el otro está acaparando, escondiendo o intentando tirar por la ventana. Muchas risas, mucho cosquilleo, mucho correr por la casa y actuar como niños. ¡Es divertido!

14. **Pelea de alimentos.** Por último, algo que aprendimos del comedor de las escuelas secundarias: la pelea de alimentos. Si estás cocinando con tu esposo y «sin querer» le ensucias la nariz con harina, ¿qué te hará él por eso? Hay algo en estos juegos de lucha que a menudo termina en un abrazo, ¿y no es eso lo más divertido?

Desafío del día 8 para el mejor sexo

El desafío de hoy es simple: ¡juega! ¡Escoge uno y hazlo!

Atención: el próximo desafío incluye algunas ideas para hacer durante el día, así que quizás sea mejor leerlo juntos en la mañana, o leerlo mañana por la noche, asumiendo que lo harán al día siguiente.

Prepárate para el sexo durante el día

¡Espero que anoche se hayan divertido! Trata de incorporar el juego a tu matrimonio; hace que la intimidad sea más natural. Ahora nos hemos puesto a pensar en la dirección correcta, reírnos juntos para suavizar las cuestiones y aumentar la buena voluntad. Pero ¿qué pasa si nos disponemos en un estado de ánimo juguetón?

Para muchos hombres esto no es un gran desafío. ¡Solo te pones a pensar en el sexo y estás listo para empezar!

Pero para muchas mujeres, el solo hecho de pensar en el sexo no es suficiente para calentar nuestros motores, especialmente si estamos pensando en otras cosas. Por eso es importante sentar las bases para que cuando estén juntos el sexo parezca una propuesta atractiva.

Hoy les hablaré principalmente a las esposas, aunque al final tendré algunas palabras especiales de sabiduría para los hombres. Pero si eres un hombre con una libido más baja que la de tu esposa, te recomiendo que repases la siguiente información y que pongas en práctica lo que puedas (y discúlpame por usar pronombres femeninos, solo haz la traducción en tu pensamiento).

Entrar en el estado mental correcto no significa que tienes que estar todo el día pensando activamente en sexo. Por cierto, nadie quiere estar tratando de excitarse mientras está hablando con el jefe o cuando saca a los pequeños a caminar.

Pero la sexualidad es mucho más que solo pensar o fantasear. También está el sentirse cómodo con uno mismo, con su cónyuge y eliminar los obstáculos para así disfrutar del sexo esta noche. Aquí presento un plan para ayudarte a usar bien tu día:

Prepara tu cuerpo

Yo vivo en el Gran Norte Blanco, donde hay dos estaciones: invierno y construcción. Y el invierno es sustancialmente más largo, por lo que muchas chicas norteñas en el invierno se deshacen de las rasuradoras. ¿De qué vale rasurarse cuando nadie puede verte las piernas?

Nadie puede verlas, pero tu esposo sí. Y seamos honestas: ¿qué tan sexi vas a sentirte con «piernas de hombre»? Francamente, no lleva mucho tiempo rasurarse (si es que te rasuras; y si no, bueno, está bien). Pero si en verano te rasuras las piernas y te sientes bien, y dejas de hacerlo en el invierno, ¿qué tan sexi crees que te sentirás cuando estés desnuda a mediados de enero? Hay algo del rasurado que puede hacernos sentir bonitas y preparadas.

¡Haz que tu cuerpo se sienta genial! Rasúrate y usa mucha loción para mantener la piel blanda y suave. Cuando te sientes cómoda con tu piel disfrutarás mucho más apoyar tu piel sobre su piel.

Prepara tu ropa

Despídete de lo que se ve desalineado. Vístete con ropa que te haga sentir atractiva y que favorezca tu forma. ¿No tienes ropa que te haga sentir confianza? ¡Ve a comprar! Tener seis vestidos que te hagan sentir maravillosa es mejor que tener cincuenta camisetas y siete pares de vaqueros anchos que te hacen sentir sin estilo.

Verte y sentirte atractiva durante el día aumentará a la noche tu nivel de confianza. Y no te olvides de nuestro desafío del día 3 de la semana pasada: concéntrate en las cinco áreas de tu cuerpo de las que te sientes orgullosa. No te enfoques en lo que no te gusta de tu cuerpo; *piensa en lo que te gusta.*

Una nota a los hombres: ¡Ustedes también pueden aumentar su libido por sentirse más atractivos y varoniles! Por la noche trata de no usar camisetas descuajeringadas con eslóganes como «Banco McGonigal's - Ciclistas contra el cáncer», y cómprate pijamas atractivos. Si bien ser un ciclista contra el cáncer es genial; recordártelo con una camiseta vieja, agrandada y con agujeros, no es muy sexi. Cuando llegues a casa del trabajo, especialmente si trabajas en un trabajo activo, ve primero a la ducha, enjabónate bien, luego cepíllate los dientes. Cuando estés limpió ella será más receptiva y tú te sentirás en un mejor estado de ánimo.

Aparta un tiempo para «ti»

Uno de los mayores impedimentos a la libido femenina es el agotamiento. Cuando hice las encuestas a dos mil mujeres para mi libro *Good Girl's Guide to Great Sex*, lo primero que ellas reportaron es que lo que estaba arruinando sus vidas sexuales era sentirse agotadas. Cuando nos sentimos que todos dependen de nosotras y tenemos demasiadas cosas por hacer, vamos a anhelar tiempo para nosotras mismas. ¿Y cuándo tomaremos ese tiempo? Cuando los niños están en cama, ¡justo en el momento cuando puedes ser romántica con tu esposo!

Si necesitas cuarenta y cinco minutos para ti misma todos los días, busca alguna manera de incluirlo en tu rutina. Está perfectamente bien que pongas a los niños frente a un video por cuarenta y cinco minutos para que puedas ocuparte en alguna afición, si lo deseas. Tener un buen matrimonio es más importante que pasar cada minuto de tu vida estimulando a tus hijos. Si trabajas fuera de la casa, usa tu hora de almuerzo para rejuvenecerte de la manera que resulte mejor. Si necesitas tener una conversación con adultos, almuerza con tus compañeras de trabajo. Si necesitas estar sola, aíslate con algún libro en algún rincón, o ve al gimnasio.

Haz una lista de actividades que te ayuden a enfocarte y sentirte sana, sea ocupándote con un hobby por media hora, leyendo un libro, relajándote en la bañera, o saliendo a correr. Luego determina cómo podrás hacer que estas actividades sean una realidad. Si puedes tomar ese tiempo para ti misma durante el día estarás más rejuvenecida por la noche.

Si no puedes ver de dónde conseguirás ese tiempo, háblale a tu esposo y explícale lo que necesitas. Quizás él se ofrezca a poner a los niños en la cama para que puedas sumergirte en un baño de burbujas.

Una nota a los hombres: Esto es igual de importante para ti si tienes un trabajo de alto estrés durante el día. Intenta resistir la necesidad de llevar el trabajo a casa, y si debes hacerlo, pon un límite de tiempo. Y no permitas que ese límite de tiempo sea «pararé a la hora de ir a la cama». Deja de trabajar unas dos horas antes de que planees finalizar el día con tu esposa para que tengas un tiempo de descomprimir. Una de las causas principales de una libido más baja es un estrés alto. Cuando estás estresado no eres tan productivo. Hacer el tiempo para relajarse es clave a tu productividad en el trabajo y para tu intimidad matrimonial.

Planifica tiempos regulares para imaginar el sexo

Cuando los hombres no han tenido relaciones sexuales por un tiempo, sus cuerpos lo sienten. La mayoría de las mujeres no experimentan esto, así que necesitan un recordatorio o un disparador para pensar sexi. ¿Qué te parece escoger una actividad o un recordatorio de algo que te hace sonreír o pensar sobre el último gran encuentro que tuviste? Digamos que cada vez que lavas los platos te pones a pensar en su memoria sexual favorita. O quizás cada vez que pares en una señal de pare o que escuches una sirena, puedes enviarle un mensajito a tu esposo y decirle: «¿Te acuerdas cuando...?».

Duerme

Dormir bien podría no parecer algo emocionante, ¡pero es sumamente importante! Si el agotamiento tiene gran culpa de matar nuestras libidos, entonces tenemos que tomar el sueño seriamente. La mayoría de nosotros necesitamos por lo menos ocho horas de sueño. Si te levantas a las 6:30 a. m., tendrás que ir a dormir a las 10:30 p. m. Esto es, *ir a dormir*, no meterse en la cama y encender la televisión en tu habitación o navegar por Facebook, o tener relaciones sexuales. Esto significa apagar las luces, lo que también significa que deberías meterte en la cama alrededor de las 9:45 p. m., si quieres tener tiempo para acurrucarte, hablar, y divertirte con tu cónyuge.

Una nota a los hombres: No miren televisión en su habitación muy tarde manteniéndola a ella despierta. Y no miren televisión ni jueguen videojuegos hasta la medianoche esperando que ella todavía esté llena de energía. Si tu horario de trabajo y cuidado de niños lo permite, piensa en hacer el amor como una actividad por la tarde (o una actividad por la mañana si es necesario). Coordinen juntos para ayudarla a ella a quitar algunos obstáculos para hacer el amor, y hallarás que los dos se sentirán más seguros e íntimos.

Desafío del día 9 para el mejor sexo

Tu misión, si decides aceptarla, es ayudar a que sea más fácil para los dos entrar en un estado de ánimo juguetón. Repasa las sugerencias anteriores y decide uno o dos pasos concretos que puedas tomar, sea individualmente o en pareja, para avanzar hacia ese objetivo. Si todos los puntos se aplican a ti, elige el que más resuene contigo. Es más fácil hacer que algunos cambios den resultado que tratar de cambiar todo a la vez. ¡Luego regocíjate en tu nuevo plan de juego!

MUESTRA AFECTO

¿Recuerdas el día del beso de los quince segundos? ¡Espero que todavía sigan besándose! Es muy importante que nos sintamos conectados.

Hemos hablado sobre cómo jugar juntos y cómo pensar y prepararnos para el sexo a lo largo del día. ¡Mañana vamos a hablar sobre cómo coquetear! Pero antes de tocar ese punto, hablemos del afecto.

Para algunos de nosotros, el sexo es la necesidad y el afecto es la elección. Para otros el afecto se siente más como la necesidad y el sexo más como la elección.

Piensa en estas dos declaraciones por un momento. Cualquiera que sea tu necesidad más grande, probablemente tu cónyuge sienta la necesidad para lo otro con la misma intensidad que sientes tú.

En nuestra cultura, en gran medida, el afecto se ha separado del sexo. El sexo ya no se trata de una conexión entre dos personas, sino más de la búsqueda de un orgasmo (¡no hay nada de malo con los orgasmos!). Pero de ese modo, el sexo se convierte en algo sobre el cuerpo y no sobre el alma o la relación o incluso el amor. Y para las mujeres, en especial, eso es algo estrecho. Si el sexo en tu matrimonio se ha convertido en algo que está agregado al final del día cuando no se tocaron ni se dijeron palabras dulces entre ustedes o no se rieron juntos, puede fácilmente sentirse como si tan solo se usan el uno al otro. Para ella, en especial, esto puede ser muy difícil.

El afecto transmite el mensaje: *yo te valoro*. Por lo tanto, el sexo no es solo sobre la unión de dos cuerpos, sino también la unión de dos corazones.

Aquí presento algunas ideas de cómo ser afectuoso uno con el otro.

Tómense de la mano

Cuando estén caminando o están sentados juntos uno al lado del otro, tómense de las manos.

Tóquense

Cuando pasen uno al lado del otro, tómense el hábito de rosarse o pasar la mano por el brazo o tocar el cabello. Especialmente si el lenguaje de amor de tu cónyuge es el tacto, es importante hacer esa conexión rápida, una conexión que no sea excesivamente sexual.

Díganse cosas amables

Cuando mi esposo y yo hablamos en conferencias de matrimonio, mi esposo cuenta la historia de una pareja que había estado casada por cuarenta y cinco años. Un día, en desesperación, la esposa anuncia que necesitaban asesoramiento. Él se quedó sorprendido. «¿Por qué?», preguntó él. «Nunca me hablas», respondió ella, «nunca me tocas. Yo creo que ya no me amas». Él puso sus ojos en blanco y le respondió: «Mira, el día de bodas te dije que te amaba. Si eso alguna vez llega a cambiar, te avisaré».

No seas como ese hombre. Tómate el hábito cada día de decirle a tu esposa que la amas.

Y mujeres, tómense el hábito cada día de decirles a su esposo *por qué* lo aman. No digas tan solo: «Te amo». Dile: «Valoro mucho cómo provees para la familia», o «la manera que juegas con Jeffy me hace tan feliz. Él te quiere mucho», o «La manera que manejaste ese desacuerdo en la iglesia me hace sentir orgullosa de ser tu esposa». Fíjate en lo que él hace bien, y dile esas cosas.

Eso es todo. Tómense de las manos, tóquense, y díganse cosas amables. ¡Es sorprendente cómo esas tres cositas pueden cambiar enteramente la atmósfera de un matrimonio!

Desafío del día 10 para el mejor sexo

Durante el desafío de esta noche tómense de las manos mientras hablan.

Responde a esta pregunta: ¿Qué tipo de afecto no sexual más anhelas recibir?

Ahora compartan entre ustedes dos o tres cosas que más les atrajo de su cónyuge cuando se conocieron. ¿Qué te encantó de él? ¿Qué te encantó de ella? Díganselo uno al otro, en gran detalle.

10 maneras en que los esposos pueden ayudar a las esposas a entrar en humor
Para los matrimonios donde ella tiene la libido baja

A diferencia de la mayoría de los hombres, las mujeres por lo general no están con muchas «ganas de empezar». Necesitamos ir entrando en calor a la idea del sexo. Esto podría ser algo extraño porque la mayoría de las mujeres disfrutan del sexo, entonces, ¿por qué no queremos hacerlo siempre? Pero si no estamos pensando específicamente en ello y en el humor, entonces la idea del sexo parece algo casi para posponer. Hay un interruptor que tenemos que mover de «apagado» a «activado». Para la mayoría de los hombres (aunque no todos), ese interruptor siempre está activado; para las mujeres no. Lo difícil de ese interruptor es lo siguiente: *los hombres no lo pueden activar por nosotras.* Somos nosotras quienes tenemos que activarlo.

Tenemos que decidir: «Bueno, ahora quiero sentirme sexi».

La labor del esposo es ayudar a su esposa a entrar en calor para que sea más probable que ella quiera activar ese interruptor. Si hace de cuenta de que ese interruptor ya está activado haciendo comentarios sexuales obvios o agarrando partes de su cuerpo cuando ella pasa a su lado, lo más probable es que no reaccione bien. Pero primero hazla entrar en calor para que ella active ese interruptor, ¡y entonces esos avances estarán perfectamente bien!

Una mujer explicó esto brillantemente en mi página de Facebook: «¡No actúes sexi! Después de un largo día no quiero sentir que me hace una proposición. Yo quiero sentir que él es mi mejor amigo, que disfruta de mi conversación, riéndose conmigo, etc. ¡Quiero saber que él piensa en mí y me considera!».

Esta es una idea general de la progresión:

Entrar en calor → Coquetear → Sexo

Una vez que la esposa se pone a coquetear, ahí subir la temperatura está bien. Pero si ella todavía está en la etapa de calentamiento, ¡no vayas directamente a lo sexual!

¡Entonces, sin más demora, aquí presento diez preguntas «sexi» que ayudarán a las mujeres a tener ganas de coquetear y estar de humor!

1. ¿Qué puedo hacer para ayudar?

Casi unánimemente las mujeres dicen que la cosa más sexi que un hombre puede decir es: «¿Me permites lavar los platos esta noche?», o «Me permites esta noche hacer la rutina de llevar a los niños a dormir?». Cuando pedí ideas a través de Facebook sobre cómo los esposos pueden ayudar a que las mujeres entren en humor, más de la mitad de todas las respuestas fueron una variación de esto.

¡Así que toma este consejo! Una de las razones de que a las mujeres les es difícil entrar en el humor es que la noche está ocupada y caótica, y muchos pensamientos corren por nuestra mente. Quita algo de esa carga, y podremos calmarnos un poco y tener unos momentos tranquilos y pacíficos. ¡Esto puede conducir a momentos de más energía!

2. ¿Cómo estuvo tu día?

Cuando las mujeres saben que su esposo se interesa por el corazón de ellas, enseguida pueden acelerar de cero a sesenta. Siguiendo este pensamiento, dile: «¿Cómo te sientes?». No le digas solo: «¿Todo bien?», sino «¿cómo te sientes?».

A veces las mujeres están tan absortas en sus cabezas que necesitan un lugar para poner todas esas emociones para dar lugar a pensamientos sexi. ¡Y a menudo no lleva mucho tiempo hacerlo!

3. ¿Estás más bella hoy?

Una mujer informó: «Ayer mi esposo, de la nada, me miró profundamente a los ojos como si estuviera sorprendido y me dijo: "¿Estás más bella hoy?". Me agarró totalmente desprevenida. Quizás eso no funcionaría todos los días, ¡pero fue muy dulce!».

Otra mujer dijo algo parecido: «El otro día estaba en la ducha y de repente mi esposo me dice: "Tú sí que eres bonita, ¿lo sabes?" ¡Eso me hizo sentir mariposas!».

¡Necesitamos saber que aún podemos dejarte sin aliento! Y hombres, si van a halagar la apariencia de ellas (y deberían hacerlo), no hablen de inmediato de las partes ya conocidas como «sexi». ¡Cuando estás entrando en calor lo dulce resulta mejor que lo sexi!

4. ¿Puedo masajear tus pies?

Casi todas las mujeres que me siguen en Facebook concuerdan que ofrecer un masaje es siempre una buena opción. Un masaje se siente maravilloso, pero también permite un poco de contacto físico que le ayudará a sentirse más «de humor», y la relaja para que sea capaz de quitar todas esas distracciones de su cabeza que le impiden querer hacer el amor.

Algo similar puede ser: «¿Quieres que nos acurruquemos?». Cualquier cosa que sugiera tocar y el contacto físico que no sea abiertamente sexual tiende a ir bien. Nos hace saber que somos disfrutadas por quienes somos y no solo por nuestros cuerpos.

5. **¿Cómo fui tan bendecido de casarme con una mujer que es una madre tan maravillosa? (O agrega otro gran rasgo de carácter aquí).**

Una mujer explica: «Un complemento al carácter ("me siento orgulloso de ti" o "¡qué suerte tienen nuestros hijos de tenerte como mamá!") es un gran activador. Yo sé que él se siente atraído a mí, pero escuchar que él ve lo que hago y cree en mí como persona es más sexi que cualquier otra cosa».

Hombres, por favor escúchenla, esto es importante porque: sabemos que quieren nuestros cuerpos. ¡Queremos que entiendan que también queremos que deseen nuestro cerebro y nuestra alma!

6. **¿Cuándo supiste que yo era con el que te casarías?**

¡Pregunta algo que te traiga recuerdos románticos!

Revivir los días de las citas y de recién casados hace que los medidores románticos de muchas mujeres se disparen. Haz preguntas como: ¿Qué pensaste de mí la primera vez que nos conocimos? ¿Cuándo supiste que yo era con el que te casarías? ¿Qué te acuerdas de nuestra primera cita? ¿Cuáles son las mejores memorias de nuestra luna de miel?

Cuando tú eres el que hace las preguntas, estás diciendo: «Yo quiero revivir esto contigo porque para mí también fue importante». ¡Evoca esos sentimientos y verás a dónde te llevan!

7. **No hagas ninguna pregunta. Solo muéstrale que notaste algo que a ella le interesa.**

Prestar atención a los detalles le muestra a tu esposa que la amas. Podrías decir algo como: «Recuerdo que dijiste que te encantan los M&M rellenos de maní, así que te compré un paquete de camino a casa».

Una mujer explica: «¡Ser "vista" y "oída" es sexi! Me siento tan agobiada que para mí es más valioso que mi esposo haga declaraciones en lugar de preguntas (a menos que quiera saber mi opinión sobre el tipo de chocolate/café que me gusta). Los niños hacen preguntas. Los esposos hacen declaraciones que muestran que prestan atención: "Hiciste bastante hoy. Me gustaría sentarme contigo en el patio antes de ir a la cama. Empecé a preparar una jarra de café". ¡¡¡Mis ojos ven las estrellas!!!».

Ahora, si ella entró en calor y es hora de empezar la etapa del coqueteo, intenta hacer estas preguntas más sexis.

8. Estuve pensando en ti todo el día, y lo que me gustaría hacer.

¡Algunas mujeres prefieren ir directamente al asunto! Y si has de ir directamente al asunto, explícale lo que quieres hacer, porque la libido de la mujer a menudo está vinculada a sentirse deseada en lugar de desear algo ella misma. Así que en lugar de decir: «Te voy a hacer X más tarde», dile «Quiero hacer X y ver Y más tarde». Es un cambio sutil, pero es importante.

9. ¿Puedes quitarte esas ropas? Se ven muy incómodas.

O invierte el rol: «Me siento tan incómodo en esta ropa. ¿Quieres ayudarme a sacármelas?». Es coquetear y ser sugestivo, pero no descaradamente gráfico o sexual.

10. ¿Te puedo hacer gemir más fuerte?

Este guárdatelo hasta que todo esté bien caliente y vaya bien, y probablemente vaya aún mejor. O añade esto también: «La vez pasada hicimos algo que te gustó mucho, pero no puedo acordarme qué era. ¿Qué te parece si experimentamos hasta saber qué era?». Muéstrale que estás interesado en darle placer y que quieres aprender, y ella se sentirá mucho más valorada.

¡COQUETEA CON TU CÓNYUGE!

Cuando salimos en una cita, coqueteamos. Ella le guiña. Él le toma la mano. Ella le da esa mirada que dice «ven aquí». Pero cuando nos casamos a menudo dejamos de coquetear. ¿Por qué coquetear cuando ya la tienes? Y si ella coquetea, se puede preocupar de que le está dando la impresión de que con toda certeza a la noche habrá fiesta. Y por eso no quieres hacer esa promesa cuando no tienes idea de cómo te sentirás más tarde.

Pero hay un problema con esa estrategia. El órgano sexual primario de una mujer es su cerebro. Para que estemos de humor nuestros cerebros tienen que estar conectados. Si quitas el coqueteo de la ecuación estarás quitando una de nuestras herramientas principales para impulsar nuestras libidos. Y sentirnos deseadas por nuestro cónyuge es otro gran impulso a la libido, siempre y cuando se haga de la manera correcta.

Ya recorrimos un tercio de *Alcanza el mejor sexo de tu vida en 31 días*, y hace dos días vimos cómo preparar tu mente para el sexo durante el día. No estábamos mirando nada particularmente juguetón, solo cosas para que te sientas más a gusto, más confiada y menos cansada.

¡Hoy vamos a condimentarlo un poco aprendiendo a coquetear! Así como jugar juntos les ayuda a reír juntos, el coqueteo ayuda a reír, y te une porque compartes una relación con tu cónyuge que es verdaderamente única. Aquí verás algunas ideas para empezar con la diversión.

1. **Deja una nota de amor en el espejo.** Usando un marcador en seco (o un pintalabios), escribe una nota de amor en el espejo del baño de tu amorcito. Si quieres ser más audaz, dibuja una imagen de lo que quieres hacer más tarde.

2. **Besa apasionadamente antes de que uno de ustedes salga de la casa.** Besar nunca pasa de moda. ¡Y no te olvides de dar al menos un beso de quince segundos todos los días!

3. **Tengan una frase secreta.** ¿Quieres decirle que crees que él está muy atractivo? Intenta una frase secreta como: «¿Necesitamos un cambio de aceite?». Nadie más sabrá lo que realmente quieres decirle, así que puedes decirlo frente a los chicos, tus padres o delante de cualquiera.

4. **Juega el juego de la galleta de la suerte.** Cuando obtengas una galleta de la suerte, mentalmente agrega las palabras «en la cama» al final del mensaje. Se van a reír juntos cuando se lo muestres a tu esposo en el restaurant chino, pero tus hijos jamás sabrán por qué se están riendo.

5. **Agarra un poco de carne.** ¡Cuando él pase por tu lado cachetéale las nalgas! Bueno, aquí es donde la situación puede cambiar para los hombres. Si ella está lavando los platos y tú te acercas por detrás y le aprietas los pechos, es probable que se moleste un poco. Muchas mujeres me escriben y dicen: «¡Mi esposo siempre me está agarrando! ¡Esto me hace sentir usada!». Quizás los hombres no lo hacen con esa intención, y muchos hombres disfrutan que los agarren. Pero a las mujeres nos les gusta de esa forma.

   Aunque las mujeres pueden ser atrevidas, podría ser mejor que los hombres empiecen con un toque más ligero. En vez de agarrar su pecho, acaríciale el hombro. Si estás sentado en el sofá junto a ella, pasa tus dedos en sus cabellos. Toma su mano tan a menudo como puedas. Si ella hace una risita y devuelve la atención, entonces con toda confianza, intenta algo más juguetón.

6. **Prepara un nido de amor acogedor para ver películas.** ¿Quieres ver una película esta noche? Compartan almohadas y una manta y juega con los pies. Una encuestada para mi libro *The Good Girl's Guide to Great Sex* dijo que ella y su esposo miran en «topless»

las películas, los dos se acurrucan bajo las mantas desnudos de la cintura para arriba. ¡Muy divertido!

7. **Esposas, pídanle a su esposo que les elija la braga para el día.** Si él la elige, te estará imaginando sin nada más que la bombacha o la braga.

8. **Envíense mensajitos y más mensajitos el uno al otro.** Envía un mensajito sobre cualquiera cosa: letras de canciones, memorias de tiempos divertidos que han tenido, lo que tienes puesto, y de lo que estás pensando. «Esta noche espero verte completamente...».

9. **Coloca notitas en la bolsa del almuerzo de tu cónyuge.** Una de mis seguidoras de Facebook me dio esta idea: «También escribo cosas en su bolsa de almuerzo. Por un tiempo pensé que podría causarle vergüenza. Pero cuando dejé de hacerlo, protestó. No siempre eran «sexi». Algunas eran solo dulces. Pero el almuerzo de mañana tiene escrito en letras rojas: «¡Para mi amante al rojo vivo!».

10. **Exhíbete a él, pero no en público.** Si él está holgazaneando en su computadora, jugando videojuegos o relajándose en el sofá, acércate a él, abre tu bata y muéstrale que no tienes nada. Luego, sigue caminando y fíjate lo que hace.

    Alguien que comentó en mi blog también recomendó hacer tareas vigorosamente, y sin corpiño, ¡para que aprecie cómo se mueven! Cuando pases el trapo en el piso, usa una falda, pero hazlo al estilo comando y agáchate a cuatro patas a ver si se da cuenta.

11. **Deja caer algo «por accidente».** Está bien hacer que esto sea un poco tonto. Párate frente a él, y entonces—¡*Ay!*—se te cayó el bolígrafo. (¿Recuerdas la película *Legalmente rubia*? Agáchate, y *¡ay!¡ay!¡ay!* O con tu arete. Haz un gran alarde de agacharte justo frente a él y de encontrarlo en el piso.

12. **Coloca una sorpresa en algún lugar interesante.** Otro lector me envío esta idea por correo electrónico:

Recientemente, mi esposo regresó de un largo viaje fuera del estado. Cuando llegó a casa era tarde, pero yo lo estaba esperando. Él se duchó rápidamente y vino a nuestra habitación con un calzoncillo nuevo (¡Qué color! Algo que había estado deseando). Entonces me dijo: «Tengo algo para ti». Yo pensé que se refería al calzoncillo y le dije lo bonitos que eran mientras le daba besitos. «No, tengo un regalo para ti dentro de él». Yo pensé que estaba siendo descarado. ¡Por supuesto que él es un regalo! ¡¡¡¡Así que metí mi mano adentro y había una caja de joyas!!!! ¡No era lo que yo estaba esperando! Fue un regalo dulce, y su creatividad fue muy memorable. Él ha inspirado mis propios juegos de escondidas, que puede ser una nota escrita con un marcador soluble debajo de la línea de la braga, o alguna cosita en mi corpiño... es una forma divertida de jugar de vez en cuando.

13. **Ensúciense.** ¿Estás lavando los platos? Sopla hacia ella algunas burbujas. ¿Estás lavando el auto? Rocíalo un poco, especialmente en algún lugar interesante. Muéstrale a tu cónyuge: «¡Quiero jugar contigo!».

14. **Come con entusiasmo.** Si estás comiendo tu comida favorita, como un pastel de chocolate o de manzana, haz un gran alarde de ello. Gime mostrando cómo lo estás disfrutando. Actúa como si estuvieras en un éxtasis. Él reconocerá ese sonido y querrá ir más allá.

15. **Juega a que te «desnudas» de cualquier cosa.** Convierte cualquier juego de mesa en un momento sexi al agregar «al desnudo» al final del nombre del juego: Batalla Naval al desnudo (una prenda de ropa por cada barco hundido), Scrabble al desnudo (por cada palabra que valga de veinte a treinta puntos), Monopolio al desnudo (cada vez que pasas por SALIDA o si quieres SALIR DE LA CÁRCEL tienes que quitarte una prenda de ropa), etc.

16. **Juega con los pies.** Cuando estés en un restaurante que tenga manteles en las mesas, quítate el zapato y deja que los dedos de tus pies exploren las piernas de tu cónyuge. Así le das a tu cónyuge una vista previa de lo que está por delante mientras llevas la conversación de forma normal.

Reglas de coqueteo para ella

Vamos a ver algunas reglas básicas. Cuando coqueteas con tu esposo le estás diciendo: *Estoy interesada. Te veo atractivo. Te deseo.* Si agregas el coqueteo en tu relación tendrás que asegurarte de añadir sexo allí también, de lo contrario tu esposo estará recibiendo mensajes mixtos (y se verá muy frustrado).

¿Cada vez que coqueteas significa que tienes que seguir hasta el final? No, de ninguna manera. Pero déjame que te dé un poco de perspicacia sobre cómo a menudo los esposos funcionan. La mayoría de los hombres no solo quieren el sexo porque físicamente se siente bien. Ellos quieren sentirse deseados. El coqueteo es una de esas maneras en que ellos se sienten deseados. Si eso es seguido por relaciones sexuales regulares y frecuentes, a la mayoría de los esposos no les importará no tener relaciones por una o dos noches, aunque coquetees. Cuando los hombres tienen relaciones sexuales frecuentes se sienten mucho más seguros y tienen confianza de que los amamos.

Una de las razones de que los hombres a veces parecen estar desesperados por el sexo es porque están desesperados por saber que son deseados. No solo necesitan el alivio físico; es la validación emocional e incluso espiritual que dice: *Te valoro y te deseo.* Cuando él recibe eso regularmente de ti, entonces tienes mucho más espacio para jugar y besar y coquetear sin necesariamente tener que hacer el amor en ese lugar y momento. Pero, cuando no haces el amor frecuente y regularmente con tu esposo, él no podrá coquetear mucho sin quedar frustrado si no pasa nada.

Así que si estás pensando: «cada vez que beso a mi esposo él quiere ir a algún lugar», o «cada vez que coqueteo él quiere otra cosa», eso podría suceder porque tu esposo se siente inseguro de que tú realmente lo quieres, porque el sexo es infrecuente, o quizás porque nunca inicias algo.

Este mes vamos a hablar más sobre cómo ponerte en el humor y cómo hacerlo más divertido y menos estresante para ti para que desees el sexo más seguido. Pero por ahora el mensaje es: coquetear es una manera de jugar con tu esposo, para aumentar tu propia libido, para que pienses en esos términos y para que hagas a tu esposo sentirse deseado. Y si eso se combina con el sexo regular, te sentirás mucho más segura en tu relación si le agregas algunas de estas ideas divertidas.

Bien, ¿qué pasa si coqueteas y tu esposo no agarra tu onda? ¿Te vistes con algo sexi, pero no quita los ojos del televisor? ¿O le parece que hablar de forma sexi es una molestia porque está ocupado pensando en muchas cosas? Ese es el momento cuando tienes que conseguir como pareja más margen en tu vida para que los pensamientos de él no estén acaparados con cosas que desperdician el tiempo o con el trabajo. Pasen tiempos juntos por las noches sin pantallas y sin trabajo. Vamos a hablar de poner esto en práctica en desafíos que veremos más adelante.

Reglas de coqueteo para él

Coquetear es muy divertido, pero en lugar de pensar que coquetear es como decirle a ella: «¡Vamos a tener sexo!», piensa en el coqueteo como una forma de comunicarle a ella: «Te amo. Te valoro. Y creo que eres muy divertida». Piensa en ello como algo que los hará reír juntos en lugar de verlo como un preludio a otra cosa. Es una extensión del ejercicio de afecto que hicimos ayer, solo un poco más intenso.

Sé que puede ser mucho pedir, pero a veces las mujeres sienten que son tomadas como objetos: *él solo me quiera para una cosa*. Eso puede hacer que coquetear sea lo último que quieran hacer. Pero si quitas el coqueteo del matrimonio completamente, también quitas mucha de la diversión. Entonces, añade afecto, mucho toque y muchas risas. Fíjate para observar su disposición. Si se pone más atrevida, ¡toma la libertad para avanzar!

Y esta es una nota para los hombres que no responden al coqueteo: si tu esposa está tratando de hacerte entrar en humor e intenta hacerte reír, pero estás demasiado distraído con el trabajo u otras cosas y te parece molesto, en tal caso, por favor, separa algún tiempo cuando respondas a tu esposa. Y si ella se pone a coquetear y no es un buen momento, dile: «Mi amor, me encantaría, pero ¿podrías darme veinte minutos más para terminar lo que empecé?». Establece un tiempo y respeta ese tiempo. Las mujeres necesitan sentirse queridas y si tu rechazas sus intentos de coquetear, irás agregando capas de rechazo y daño a tu matrimonio.

Desafío del día 11 para el mejor sexo

Ve agregando estas ideas en los próximos días hasta que se vuelvan naturales. ¡E ingéniate algunas propias! Aplícate a ellas. Diviértete con ellas. Ponte en un estado mental de coqueteo y hallarás que tu propia libido se elevará debido al aumento del cociente de la diversión en tu matrimonio.

10 preguntas sexi para hacerle a tu esposo

*Para los hombres con una libido más
alta, ¡que valoran la iniciación!*

Mujeres: si él tiene la libido más alta y ustedes quieren hacer más que solo coquetear, les presento 10 preguntas que acelerarán sus motores y los harán sentir deseados.

1. ¡Adivina qué bragas estoy usando!
¡Esta es divertida para preguntar por teléfono!

2. ¿Cuál fue el último sueño sexi que tuviste?
Debes estar lista para responder con uno que tú hayas tenido. Probablemente él invertirá la pregunta.

3. Si pudieras revivir cualquiera de nuestros momentos sexuales, ¿cuál de ellos escogerías?
Averigua qué es lo que más le ha gustado, y repítelo.

4. En nuestra fiesta de bodas, ¿qué estabas pensando en hacerme?
Pregúntale qué fue lo que más estaba esperando. Si no es específico, hazle algunas preguntas de seguimiento. «¿Esperabas más de X o Y?

¿Qué parte de mi cuerpo te volvió más loco, Y o Z?». ¡Averigua qué tan desesperadamente él quería irse de la fiesta!

5. Cuando hacemos el amor, ¿qué posición te da la mejor vista?

¡Entonces pregúntale por qué!

Vamos a condimentarlo un poco más fuerte.

6. ¿Es esto demasiado revelador?

Vístete con el top más apretado o tu falda más corta (que, por supuesto, ¡nunca te pones para salir de la casa!), o solo ponte un corpiño y una camisola. Pasa a su lado, agáchate y pregúntale qué le parece. Asegúrate de pasar tus manos por la parte que estás «preocupada».

7. ¿Qué te afecta más?

¿Disfruta él al mirar tu cuerpo? Haz un pequeño desfile de moda. Elige dos vestidos o conjuntos de lencería y pregúntale cuál de los dos tienen un mayor efecto en él.

Puntos extra: ¡Averígualo por ti misma! Siente qué tipo de efecto estás teniendo en él y fíjate cuál funciona mejor.

8. Es mejor así, ¿o así?

Pon tu mejor voz inocente como diciendo: «Solo quiero aprender y tengo curiosidad», y pregúntale qué dos partes de su cuerpo él prefiere que tu beses o acaricies, o elige una parte de su cuerpo para besar y acariciar de dos maneras. Esto puede durar todo el tiempo que quieras, solo ve cambiando lo que haces. Sigue con la mirada de los ojos inocentes, como si expresaran: «Mi amor, solo estoy tratando de aprender. ¿Por qué pensarías algo más?».

9. ¿Qué tan rápido puedes hacerlo?

Me gusta esta pregunta porque es una forma de dar vuelta a la situación en una noche que las cosas no vayan muy lejos para ti. Digamos que estás un poco estresada y crees que puedas disfrutar mucho del sexo esta noche. O quizás estás hormonal y no es un buen momento del mes para tu libido.

Si aún quieres divertirte, aunque no sea principalmente para ti, sé la persona atractiva. Súbete arriba de él y susúrrale: «¿Qué tan rápido puedes hacerlo?». Dale permiso para no preocuparse por complacerte, y pueda desbocarse.

10. ¿Puedes ayudarme por aquí adentro?

¿Te estás preparando para ir a trabajar por la mañana? ¿O se hizo tarde un sábado por la mañana? Métete en la ducha mientras él está en el baño y luego pídele ayuda. ¡Será mejor que entienda la indirecta y se meta adentro contigo!

Charla motivacional #2

Mi plan para este mes era establecer una estrategia para ayudarte a sacar el máximo provecho en tu matrimonio. ¿Por qué conformarse con algo mediocre cuando el sexo es una parte vital de tu relación, una que Dios diseñó para unirlos, para darles gran placer, y para agregar diversión y chispas en sus vidas?

Esta semana, seguramente es una que habrás estado anticipando: vamos a explorar cómo hacer que el sexo se sienta físicamente estupendo. Pero cuando publiqué una versión de este desafío de 31 días en mi blog, justo entonces empecé a recibir muchos correos electrónicos de personas a las que les resultaba muy difícil hacerlo porque tenían muchos problemas sexuales del pasado y no querían tener sexo.

Muchos me escribieron diciendo que por primera vez sintieron como si se conectaran. Pero otros escribieron, básicamente, desesperanzados. ¿Cómo puede alguien decirte que el sexo puede ser bueno cuando obviamente no lo es?

Si tú lo pasas estupendo, puedes seguir directamente al día 12.

Pero otros pueden pensar que con esto no hay esperanza. Por favor, presten atención. ¿No te gustaría que fuera diferente? ¿No te gustaría que el sexo fuera bueno? ¿Quieres vivir tu vida con esta distancia entre ustedes? Tu cónyuge necesita que tú hagas el intento de creer que esto puede mejorar. Una manera de hacer esto es simplemente intentar lo que estoy sugiriendo con una mente abierta. Estas ideas no son la respuesta a todos tus problemas, y si tienes una mejor manera de encararlos está bien. Pero, por favor, intenta *algo*.

Cuando tienes hijos, le debes a ellos hacer lo que está en tu poder para lograr que tu matrimonio sea sólido como una roca, y eso incluye tener una relación íntima y cercana con tu cónyuge. Si el sexo es un gran obstáculo, está bien. Pero ¿puedes intentar imaginarte que no es así? Cree que no tiene por qué quedar así para siempre. El órgano sexual más grande que tienes es tu cerebro. Lo que piensas sobre el sexo determinará en gran medida tu nivel de excitación, el placer que obtienes del sexo y tu deseo de tener relaciones sexuales. Entonces, ¿puedes al menos intentarlo? ¿Dar pasitos de bebé?

Si regresas a los primeros desafíos, verás que eso es lo que estoy recomendando: pasitos de bebé. Así que, por favor, no te rindas. Fuiste creada para mucho más de lo que estás viviendo. Fuiste creada para experimentar la intimidad. Tal vez en este momento no veas cómo eso podría suceder, pero ¿por qué no intentarlo?

Oren por su vida sexual, háganlo juntos si pueden. Pídele a Dios que te dé su mente sobre el sexo y repara algunas de las mentiras que te hayas creído. Si no piensas que has creído mentiras, pero odias el sexo, ora de todos modos y pídele a Dios que te muestre cómo tu situación puede mejorar y en qué área podrías estar saboteándote a ti misma.

Por favor, inténtalo. Por ti misma y por tu matrimonio.

DÍAS 12–19

Encender los fuegos artificiales

(La intimidad física)

Día 12

Mete tu cabeza en el juego

Hemos visto cómo redefinir nuestros pensamientos sobre el sexo, cómo pensamos sobre nuestros cuerpos y sobre el placer, e incluso cómo pensar diferente sobre nuestros cónyuges. Hemos visto cómo entrar al estado mental correcto coqueteando, jugando y preparándonos para el sexo. Ahora vamos a pasar a qué hacer cuando al fin llega el momento. Hoy vamos a mirar la manera de meter la cabeza de ella, en el juego, y más adelante esta semana vamos a hablar sobre el juego anterior, el orgasmo y más.

Vamos a empezar con el simple hecho de que muchos hombres y mujeres no entienden sobre la libido femenina, que es algo así: si su cabeza no está metida en el juego, es difícil que ella pueda excitarse. La mayoría de los hombres reaccionan al pensamiento sexual casi de manera automática; las mujeres tienen que decidir reaccionar y decidir excitarse.

Muchas veces oí decir que los hombres son como hornos de microondas y las mujeres son como las ollas de cocción lenta, insinuando que los hombres pueden calentarse rápido y que las mujeres toman más tiempo en hacerlo. Pero yo creo que esa analogía es deficiente porque implica que las mujeres eventualmente se excitarán. La verdad es que no hay ninguna garantía. Aquello mismo que el esposo hizo ayer con su esposa llevándola al éxtasis, hoy él puede percibir que ella está pensando: «A ver si puedes terminar con esto de una vez porque quiero irme a dormir». Si bien es verdad que las mujeres se pueden excitar, los hombres no pueden hacerlo completamente por nosotras. Nosotras controlamos el interruptor. Nosotras somos las que tenemos que decidir participar, y eso no siempre es fácil.

Considera este escenario:

> Ella entra en la habitación y encuentra a su esposo dándole la mirada «¿quieres?». Ella sonríe y comienza a desvestirse mientras que él mira apreciativamente. Ella entra en la cama y empiezan a besarse.
>
> Y de repente, de la nada, ella lo empuja y le dice: «¿Crees que Michelle debería abandonar las clases de piano? Ella no las está disfrutando y las lecciones nos cuestan veinte dólares a la semana y todo un martes por la noche. ¡Podríamos usar ese dinero para ir a ver una película como familia y pasar un tiempo de calidad juntos!».

¡¿Qué pasó!? ¿Tomó la decisión de que no quería tener sexo? Lo más probable es que su marido quedó bastante desilusionado y confundido porque pensaba que esa noche las cosas iban en cierta dirección y ahora ella levantó un gran cartel de desvío.

Yo solía pensar que cuando empezaba un gran monólogo justo en medio de los juegos preliminares, estaba tratando subconscientemente de alejar a mi esposo. Pero con el paso de los años me he dado cuenta de lo contrario. No puedo entregarme para hacer el amor si aún tengo muchos pensamientos sin procesar en mi cabeza, porque terminan rebotando por ahí como en un juego de pinball. Y mi cuerpo de repente no entra en acción como lo hace el de mi esposo. Tengo que ponerme de humor, anticipar lo que estamos haciendo y concentrarme si se va a sentir bien. Como con la mayoría de las mujeres, la mayor parte del sexo ocurre en mi cabeza.

Y si hay demasiadas cosas dando vueltas por mi cabeza, mi cuerpo no puede entrar en el juego. Por lo tanto, una parte de la preparación de una mujer para el gran evento es vaciar su mente de todos los pensamientos dando vueltas por ahí. Cuando ella los puede sacar, entonces puede permitir que entren los otros. Para los procesadores externos, como yo lo soy, esto significa tomar tiempo más temprano en la noche para hablar. Para los procesadores internos, puede significar tener un tiempo a solas para pensar, orar o escribir en el diario. ¡Pero tenemos que sacar las distracciones!

Otro elemento de la disposición de la mujer para entrar a la cama tiene que ver específicamente con el impulso de hablar. Para muchos hombres, hacer el amor es una manera de registrarse en la relación y asegurarse de que todo está bien. Cuando hacen el amor con sus esposas, ellos sienten que los están aceptando y que desean estar con ellos.

Pero muchas mujeres necesitan sentir esa aceptación primero, y parte de esa aceptación es sentir que nuestros esposos entienden nuestros corazones. Es por eso que la conversación a menudo está ligada a la libido de una mujer. Ella necesita sentir que es comprendida, pero también necesita sentir como si todos los detalles rebotando en su cabeza en su lista de tareas para mañana y sus preocupaciones con los niños han sido expuestas para que no se distraiga.

Así que, si quieres tener sexo a lo grande, ayúdala a lidiar con sus distracciones. Permite que ella tenga su tiempo a solas más temprano en la noche. Hablen más temprano esa noche para que se sienta amada y para que tenga una oportunidad de procesar todo lo que está pensando. Y mujeres, si tienen muchas preocupaciones del tipo logístico, como ¿cómo voy a manejar mi tiempo para poder hacer todo? Hablen de estas cosas con su esposo, porque quizás él pueda identificar alguna tarea o actividad a la cual puedes decirle no. Tal vez, incluso él pueda asumir la responsabilidad por algunas de las tareas de ella y así reducir su preocupación.

Hombres, entiendan que la urgencia que su esposa tiene de hablar, o su necesidad de procesar las cosas, no es un rechazo a tener sexo con ustedes; es la manera que ellas preparan su mente y descargan sus preocupaciones para concentrarse y disfrutar del sexo.

Desafío del día 12 para el mejor sexo

Elaboren una estrategia uno con el otro para desarrollar nuevos hábitos de hablar temprano en la noche o permitirle a ella que tenga un tiempo a solas más temprano en el día mientras que él cuida a los niños. Luego hablen entre ustedes sobre cómo les fue ese día. ¿Pueden acurrucarse en el sofá por unos quince minutos? ¿Pueden salir y dar una caminata después de la cena? Cuando nuestros hijos eran bebés los abrigábamos, los poníamos en el cochecito y salíamos todas las noches para procesar nuestro día mientras los niños estaban contenidos. O pueden irse a dormir más temprano y entonces procesar, hablar y planificar. Mantén una agenda diaria cerca de la cama para que juntos puedan repasar el calendario de ella y fijar horarios para los encargos; así ella no estará preocupada y distraída. La formación de un nuevo hábito lleva 21 días, así que comienza hoy: coordinen un horario para conversar, y si ella lo necesita, un tiempo a solas también.

Tal vez esto no parezca muy sexi, pero antes de que podamos pasar a cómo disfrutar el sexo, ella tiene que poder tener su mente en el juego, y esto significa lidiar con el estrés del día. ¡Forma este hábito y los dos se beneficiarán!

¡ZAMBÚLLETE!

En las películas, por lo general, vemos que las parejas suelen estar ardientes uno por el otro, así que se van a la cama. Los dos están «de humor». Los dos están excitados. Y hacen el amor.

Pareciera que fuera algo honesto. Hacen el amor *porque quieren hacer el amor*.

Pero ¿es verdad? La mayoría de las mujeres no están «de humor» de inmediato, jadeando y esperando para caer en la cama. Un artículo de *Psychology Today* lo explica bien: «Eso fue lo que descubrió la siquiatra Rosemary Basson de la Universidad de Columbia Británica en entrevistas que tuvo con cientos de mujeres. Contrariamente al modelo convencional, para muchas mujeres el deseo no es la causa por la que hacen el amor, sino más bien, su resultado. Basson explica: "Las mujeres a menudo comienzan las experiencias sexuales sintiéndose sexualmente neutras", pero a medida que las cosas van entrando en calor, y ellas también, eventualmente experimentan el deseo».[6]

Nosotras las mujeres tenemos que repensar lo que significa «estar de humor». Los hombres fueron diseñados para necesitar muy poca estimulación. Ellos ven algo y están listos para entrar en acción. Por otro lado, las mujeres necesitan relajarse, poder concentrarse en lo que está sucediendo e ir entrando lentamente en calor. Algunos hombres reaccionan más como las mujeres; a menudo no les urge tener relaciones sexuales. Pero no importa si eres hombre o mujer, tener primero el deseo no es un ingrediente necesario para hacer el amor.

En lugar de eso, si tan solo te zambulles y acoges el pensamiento de dar amor y divertirte con tu cónyuge, lo más probable es que tu cuerpo te seguirá.

Hacer el amor cuando no tienes «el humor» no es mentir ni ser deshonesto. Es tan solo responder a tu cónyuge. Él te busca y trata de excitarte y entonces tú respondes. Lo amas, así que responderle a él es un acto de amor.

Si eres hombre y eres el cónyuge de menor deseo, responder a tu esposa es aún más importante. Tu esposa tiene la necesidad de sentirse buscada; si esperas hasta tú sentir la necesidad por el sexo, ella sentirá como si algo estuviera desesperadamente faltando en tu relación.

Me temo que muchas mujeres se están perdiendo lo maravilloso que puede ser el sexo, y la estupenda vida sexual que pueden tener, porque piensan que no están en «el humor». Ellas piensan que hacer el amor cuando no sienten una gran necesidad física sería, de alguna manera, fingir. Pero besarlo cuando él quiere hacer el amor, dejando que tus manos pasen por él y responder al paso de sus manos no es fingir. Es *responder*. Cuando metes tu cabeza en el juego, como halló Rosemary Basson, tenderás a calentarte un poco.

Pero sin nunca te calientas podrías tener baja testosterona, y si nunca tienes sueños sexis ni te excitas y parece que nunca deseas el sexo, deberías hacerte ver por un médico. Por otro lado, quizás él aún no ha aprendido cómo estimularte adecuadamente, o quizás no te conoces a ti misma, esta semana veremos esto más de cerca. O puedes tener algunos problemas con el sexo, tal como el abuso pasado, por lo cual deberías buscar ser sanada. Pero en general, si tu esposo ha aprendido lo que le gusta de tu cuerpo y tomas la decisión de responder, tu cuerpo seguramente te seguirá.

Esta parte de tomar una decisión es lo más importante. Si no tomas esa decisión mental que dice: «Me voy a meter en esto y lo voy a disfrutar», lo más probable es que no lo disfrutes mucho. Tienes que activar tu propio interruptor. Sin importar lo que él hace, no te puede excitar a menos que tú decidas excitarte.

Esto también tiene sentido. Si las mujeres pudieran excitarse automáticamente sin importar con quién estuvieran, entonces la conquista no sería tan importante, ¿cierto? Pero las mujeres no se excitan automáticamente; tenemos que decidir hacerlo nosotras mismas, lo que significa que elegimos disfrutar a nuestro esposo. Ellos salen a conquistarnos y nosotras escogemos ser conquistadas. Por cierto, esto es lo que los hombres a menudo desean que las mujeres entiendan. Ellos desean el sexo no solo, o principalmente, para un alivio físico. El sexo es su manera de ver si responderemos a ellos y los aceptamos. Es su manera de ver si los elegiríamos de nuevo. Entonces lo que realmente le interesa a un hombre no es su orgasmo tanto como la capacidad o la elección de su esposa de responder sexualmente.

¿Cómo te calientas? Cuando haces el amor y él te está tocando, pregúntate a ti misma una y otra vez: «¿Dónde quiero que él me toque ahora? ¿Qué da placer?». Si haces estas preguntas, entonces estarás prestando atención a tu cuerpo y pensando en lo que siente. Y eso, en sí mismo, es la clave para la excitación. No te permitas ser distraída; piensa en tu cuerpo. Y al hacerlo, tal vez sentirás que alguna parte de tu cuerpo quiere ser tocado. ¡Toma su mano y muéstrale dónde! ¡Y entonces la excitación probablemente comenzará!

Y hombres, si ustedes son el cónyuge de la libido baja, cuando deciden iniciar y centrarse en el sexo e inviten a su esposa a tocarlos, lo probable es que el cuerpo de ustedes también responda. Dense tiempo para calentarse, y pasen mucho tiempo tocando, prestando atención a las señales de su propio cuerpo. No abandones el sexo solo porque no sientes el mismo impulso que tenías a los dieciséis años. Ella necesita sentirse deseada, ¡así que zambúllete!

Desafío del día 13 para el mejor sexo

Si eres el cónyuge de menor deseo, zambúllete e inicia el sexo, aunque no pienses que estás en humor. Sé el iniciador, el que empieza con el juego previo, el que más se mueve. Decide disfrutarlo. Presta atención a lo que tu cuerpo está sintiendo y lo que quiere tu cuerpo y verás cómo tu cuerpo responde.

10 señales de que debes buscar ayuda para problemas sexuales

1. El sexo es doloroso para ella.

El sexo doloroso debido al vaginismo es una gran parte de mi historia. Cuando me casé, el coito era muy doloroso porque mis músculos vaginales no se relajaban, esto me hacía sentir que estaba arruinada. Me llevó varios años entrenarme para controlar esos músculos. ¡Cómo me hubiera gustado tener la ayuda en aquel entonces que está disponible hoy por medio de la fisioterapia del suelo pélvico! Creo que mi viaje habría sido mucho más fácil y emocionalmente menos extenuante.

Muchas mujeres experimentan incomodidad durante el sexo, pero se alivia al cambiar de posición o ajustar la profundidad de penetración. Sin embargo, si el sexo es continuamente doloroso, como lo fue para mí, o si la penetración es imposible a causa del dolor, o si tienes una sensación ardiente en la vulva, podrías estar experimentando vaginismo (dolor durante la relación sexual por la tensión de los músculos en la vagina), vulvodinia (un trastorno doloroso que causa una sensación ardiente en la vulva), o dispareunia (dolor durante la relación sexual, amplio). Hay una variedad de tratamientos disponibles dependiendo de la causa del dolor que estés experimentando. Habla con tu médico y pídele que te refiera a un profesional médico del suelo pélvico que pueda ayudarte.

2. Ella acaba de dar a luz.

Dar a luz es muy gravante a su suelo pélvico. Muchas mujeres también experimentan desgarre, el cual ocasiona tejido cicatrizado que necesita ser relajado y estirado. Los fisioterapeutas del suelo pélvico recomiendan que se haga una revisión temprano en el tercer trimestre y después de que hayas dado a luz para ayudar a prevenir problemas, y también para tratar cualquiera que se presente.

3. Ella no puede tener un orgasmo.

Si después de cursar toda esta serie y hacer los ejercicios para que el sexo se sienta bien para ella, todavía no puede sentir orgasmos, especialmente si viene acompañado con la incapacidad de ser excitada en general y una falta de sueños sexuales, es posible que ella esté sufriendo de anorgasmia. Habla con tu médico para ver si esto tiene raíces hormonales, médicas o farmacéuticas.

4. Él logra el orgasmo demasiado rápido.

Mientras que la mayoría de los hombres pueden alcanzar el orgasmo en dos o tres minutos, la mayoría también puede extender considerablemente ese tiempo concentrándose. No obstante, algunos hombres logran el orgasmo con muy poca estimulación y son incapaces de retenerlo. Esta condición se llama eyaculación prematura y hay algunos tratamientos y medicaciones para ayudar con esto (junto con el uso de una técnica sexual llamada «el apretón»). Una vez hablé con una mujer en una conferencia de matrimonio y ella me dijo que no disfrutaba del sexo, pero tras hacerle más preguntas era claro que el sexo nunca duró más de unos pocos minutos. ¡Ellos tenían veintitrés años de casados y no tenían ni idea de que eso no es normal! Si el orgasmo prematuro de él está impidiendo tu relación sexual, busquen ayuda.

5. Nunca quieres sexo.

La libido baja es extremadamente común, y en la mayoría de los casos la libido es algo que puedes aumentar teniendo una mejor disposición mental, cultivando una mejor relación, y comiendo mejor, todo lo cual está cubierto en este desafío de 31 días. Pero algunas personas tienen problema con la libido y no mejoran con estas medidas. Si nunca tienes sueños sexuales, si te resulta difícil excitarte y si nunca piensas espontáneamente en el sexo, podrías estar experimentando el trastorno del deseo sexual hipoactivo. Tu médico te puede ayudar a entender el motivo por tu falta de deseo y encontrar qué tratamiento funcionará mejor. Para los hombres, los suplementos de testosterona e inyecciones pueden ayudar; las mujeres a veces tienen deficiencia de otras hormonas. Algunos medicamentos, especialmente los antidepresivos, también pueden impedir la libido. Por favor, no te demores en hacerte revisar, especialmente si eres un hombre, porque el tratamiento es relativamente sencillo.

6. Él no puede establecer o mantener una erección.

La disfunción eréctil es una parte común del proceso del envejecimiento en los hombres. Pero la disfunción eréctil también se ha relacionado al uso de la pornografía, y es cada vez más común entre los hombres más jóvenes. Encima de todo esto, a menudo la disfunción eréctil es un signo de problemas cardíacos (por lo que es común con los hombres mayores) y se desarrollan problemas de circulación. No importa la edad que tengas o si estás en buen o mal estado, si constantemente tienes problemas con esta área, ¡por favor, consulta con tu médico! Esto podría ser un síntoma de algo mucho más grave y siempre es provechoso que te hagas revisar. Si el problema es la pornografía, la consejería para tratar con la adicción a la pornografía y los ejercicios que veremos más adelante en el mes para mejorar la intimidad podrían reentrenar al cerebro para que la excitación se vuelva a producir en la relación, y no solo con la pornografía.

7. Tener relaciones sexuales te hace sentir enfermo o triste.

En algunas personas el orgasmo causa una variedad de síntomas, que van desde dolores de cabeza hasta ataques de ansiedad y depresión. No me refiero a un simple dolor de cabeza, sino a un síntoma persistente que ocurre con frecuencia después del orgasmo. Un número de condiciones pueden hacer que la gente se sienta enferma o irrumpa en lágrimas después de haber experimentado el orgasmo. Particularmente en las mujeres, la disforia postcoital (o experimentar depresión después del sexo) es vinculada a los mismos desequilibrios hormonales que causan la depresión posparto. Habla con tu médico para que esté enterado de tu elevado riesgo para PPD, y busca ayuda profesional adicional si fuera necesario. Algunos medicamentos pueden tratar eficazmente este tipo de condiciones.

8. Goteas orina o tienes la necesidad urgente de «ir» frecuentemente al baño, pero no eliminas mucha orina.

La incontinencia urinaria es un problema muy común, especialmente para las mujeres. A menudo se desencadena por el parto o el proceso normal de envejecimiento a medida que los músculos del suelo pélvico se debilitan. Si pierdes orina durante el día, te sucede que tienes pequeños «escapes» cuando estornudas o saltas, o tienes la urgencia de orinar, pero no te sale nada, consulta con tu médico para ver a un fisioterapeuta del suelo pélvico. Es una condición tratable, y con los métodos modernos de tratamiento no tienes por qué seguir lidiando con el estrés y la preocupación que acompaña a la incontinencia urinaria. Para los hombres, esto también puede ser un signo de que algo anda mal con la próstata, y hacerse una revisión es crucial para la salud general.

9. Experimentas molestias, picazón o ampollas en los genitales.

Para las mujeres, la picazón puede indicar la presencia de infecciones bacterianas tales como los hongos o la vaginosis bacterial. Estas son desagradables e incómodas, pero son de tratamiento fácil y rápido. La picazón también puede indicar una infección en las vías urinarias si experimentas una sensación de ardor cuando orinas (los hombres también lo pueden tener).

Si alguna vez notas cualquier tipo de ampollas, verrugas o anormalidades generales en la región genital, siempre es sabio que un profesional médico lo examine. Si tú o tu cónyuge tuvieron parejas anteriores y nunca fueron examinados por ETS antes de casarse, esto es especialmente urgente, ya que puede ser un síntoma de una ETS. Muchas infecciones de transmisión sexual pueden permanecer en el cuerpo sin mostrar síntomas durante largos períodos de tiempo, así que siempre es una buena idea ver a un médico para eliminarlas y averiguar la causa de la molestia.

10. Escuchas un «crujido» durante las relaciones sexuales.

No puedo enfatizar esto lo suficiente: Si escuchas un crujido, llama a una ambulancia lo más rápido posible. Si estás usando una posición sexual que pone demasiado peso sobre el pene, es posible que el pene haya sufrido un esguince o esté fracturado y necesite cirugía.

Para prevenir esto, como regla general, cualquier tipo de posición donde el peso de ella esté sostenido por el pene es una que no se debe usar. ¡No lo hagan! Si él quiere estar parado durante las relaciones sexuales, el peso de ella debería estar apoyado sobre una superficie como una cama o silla. No vale la pena correr el riesgo de colocarse en posiciones donde él la está sosteniendo, ¡puede resultar muy mal rápidamente!

¡«EXCÍTALA» EN EL JUEGO PREVIO!

Ayer hablamos de cómo la mayoría de las mujeres no necesariamente están «de humor» antes de que empiecen a hacer el amor, es algo que les viene una vez que comienzan. Pero si «empezar» significa ir directamente al coito, podrías estar saltándote los pasos que ella necesita para alcanzar la excitación.

Hoy vamos a hablar del juego previo: qué es, cómo hacerlo súper divertido y cómo averiguar lo que a ella le gusta. Pero antes de hacerlo, vamos a repasar algunas ideas erróneas.

El juego previo puede tornarse muy clínico

Si siempre sigues una fórmula que dice: «pasa dos minutos tocándole los senos y luego cuatro minutos entre sus piernas», el juego previo no va a ser divertido. Puede parecer una rutina, como que lo haces para empezar, casi como cuando se ceba un motor antes de ponerlo en marcha. Y si él apunta a un área especialmente sensible antes de que hayan pasado tiempo besándose o abrazándose, a ella podría parecerle intrusivo.

Para que el juego previo sea placentero tiene que formar parte de la experiencia entera, no solo algo que tienes que hacer y quieres terminarlo rápido para llegar al evento principal.

Tocar y explorar el cuerpo de tu cónyuge debería ser divertido. El juego previo no debe siempre implicar la misma cantidad de tiempo. Pero si pasas mucho tiempo en el juego previo, tu conexión sexual puede parecer mucho más íntima y puede hacer que el coito sea mucho más intenso.

El juego previo puede convertirse en algo que solo uno hace

Si el juego previo solo consiste en que él la toque (porque él ya está de humor, y ella no), entonces puede hacer que muchas mujeres se sientan inferiores. *¿Qué pasa conmigo que no estoy lista?*

En cambio, hagan que sea únicamente sobre los dos. Mujeres, también toquen a su esposo para que sea algo que hacen y experimentan el uno con otro, y no solo él tratando de que ella llegue al lugar donde él está.

El juego previo puede convertirse en rutina

Mientras que ciertas cosas se sienten bien para las mujeres, si haces demasiado de una sola cosa puede llegar a ser aburrido. Lo que realmente excita a una persona es la combinación de elementos, sentirse amada, sentir un poco de coqueteo, tener todos los nervios ardiendo. Puedes hacerlo de varias maneras. A veces una de las cosas más sexi es hacerlo a él tocar todo, muy despacito, excepto las zonas erógenas verdaderas. Eso hace que esas zonas sean mucho más sensibles. Y no tienes que hacer lo mismo todas las noches. Y tampoco tienes que siempre usar solo los dedos. Bésense uno al otro. Sientan con toda la mano. Roza tu cabello sobre él. Sé creativa. Cuanto más te involucres, más excitante y divertido será.

El juego previo puede ser muy áspero

A los hombres les gusta ser tocados íntimamente con más firmeza que a las mujeres. A los hombres les gusta ser apretados, pero si un hombre toca a una mujer en las zonas erógenas de la manera que a él le gustaría ser tocado va a doler, o al menos va a ser incómodo. Muchas mujeres, cuando son nuevas en el sexo experimentan esto y piensan: «Me parece que no me gusta que me toquen los pechos» o «No me gusta el juego previo». No es verdad. ¡Quizás él nunca los tocó de la manera que ella necesita!

Cómo hacer que el juego previo sea maravilloso

Mujeres: Dile lo que te gusta

Mujeres, esto es lo más difícil: tienen que comunicarse. Si has estado casada por un tiempo y nunca le has dicho que hay cosas que él hace que te desconectan, puede ser aún más difícil porque estás preocupada de que él se resentirá.

Sé que este es un tema delicado, pero debes hacerle saber. Lo más probable es que a él le encante darte placer, pero no puede saber cómo te sientes a menos que se lo digas. Así que, si él está haciendo algo que sea un poco áspero o no dando exactamente en el lugar correcto, mueve su mano y muéstrale. Hasta puedes tocarte a ti misma y mostrarle lo que te gusta.

A veces mostrarle cómo tocarte es más fácil si empiezas por preguntarle cómo le gusta a él ser tocado. Experimenta un poco y di: «¿Más firme? ¿Más suave? ¿Más? ¿Menos?». Si tú haces las preguntas, puede que él te devuelva el favor.

Mujeres: Sé una participante activa

Siéntelo. Tócalo. Cambia de posición. No te quedes solo acostada esperando que él te excite. Si tú también estás activa, la experiencia es mucho más íntima y la disfrutarás mucho más.

Prolóngalo para relajarte

Empiecen por darse un baño juntos y hablen sobre su día acariciándose el uno al otro. O prueben mi favorito, ¡un masaje! Los masajes estando desnudos son especialmente eróticos porque, aunque no son explícitamente sexuales, se sienten muy bien y son muy físicos. Les da a los dos el tiempo para hacer la transición de las preocupaciones del día a la noche. Y cuando se masajean desnudos es mucho más íntimo.

¡No te apures!

Por último, ¡no te apures! Dale a ella el tiempo adecuado para que se excite, y para muchas mujeres eso puede tomar de quince a veinte minutos. Si los dos están involucrados y relajados y también riéndose juntos, es mucho mejor que sentir «porque él me ha estado tocando por dos minutos yo ya debería estar lista, así que supongo que vamos a empezar» o «la he estado tocando por unos minutos, así que supongo que ya deberíamos hacerlo».

Esto es para las mujeres: si no están seguras de lo que les gusta y siempre se han sentido algo incómodas de recibir toda la atención durante el juego previo, yo les desafío a que vuelvan a rehacer el desafío desde el día 5 permitiendo que él toque su cuerpo durante quince minutos mientras ustedes se relajan y disfrutan. ¡De hecho, esta es una excelente tarea para hacer una y otra vez! Te quita la tensión si crees que debes estar lista, pero no lo estás; y le enseña a él a investigar lo que te gusta (mientras que también te muestra a *ti* lo que te gusta).

Recuerda que el juego previo no es algo opcional. La mayoría de las mujeres no están lo suficientemente «mojadas» para hacer el amor cómodas sin primero ser estimuladas. No es que el coito es el evento principal y todo lo demás es secundario. Toda la experiencia es parte del sexo, no solo el coito. Y el juego previo es vitalmente importante porque te ayuda a concentrarte no solo en tus genitales, sino también en tus manos, tus ojos, tu boca, todo. En muchas maneras, es más personal, y aún más íntimo que el coito. ¡Así que intenta intensificar el juego previo y hallarás que el sexo es más emocionante!

Desafío del día 14 para el mejor sexo

Pasa al menos quince minutos en juego previo. Ajusta el temporizador y no te dejes iniciar el coito hasta que hayan estado besándose y explorándose, al menos por quince minutos. ¡Zambúllanse en el asunto, tóquense y diviértanse! Sus propios cuerpos son suyos para explorar. ¡No se roben su propio tiempo!

EXCÍTALA AÚN MÁS

Ayer fue el día del juego previo, pero es un tema tan importante que merece otra repetición. Este es un correo electrónico que recibí de una lectora de mi blog después del desafío inicial al juego previo: «Mi esposo no "entiende" el asunto del juego previo. Él cree que el juego previo es "solo para mí", mientras que el sexo es para "ambos", y si yo quiero el juego previo estoy siendo egoísta, y debería hacer lo que es mejor para "ambos". Él no entiende que realmente no puedo disfrutar del coito al menos que entre en calor primero».

Parte de la razón de que a menudo apuramos el juego previo es que puede ser incómodo. Ella está acostada, él la está tocando y pareciera que están mirando al reloj, secretamente diciendo: «*¿Por qué se está demorando tanto?*». La mujer siente, si no se excita rápido, que está siendo juzgada, y el hombre siente que deberían estar ya en el evento principal.

Ayer vimos algunas maneras de hacer que el juego previo funcione mejor para ella. Ahora veremos algunas maneras para emocionarlo a él también, para que los dos puedan adoptarlo como una parte vital de hacer el amor.

Déjalo mirar

Los hombres son muy visuales, y el juego previo puede empezar con la manera que la esposa lo induce a subir las escaleras o como se desviste o se mete en la cama. Empújalo sobre la cama y luego déjalo mirar cómo te quitas la ropa. Sé que algunas mujeres son sensibles a cómo sus cuerpos se ven, pero recuerda que él toma recibe en eso, y que tu cuerpo desnudo de mujer es el único que está permitido mirar. ¡Déjalo mirarte!

Aparte, lo que es sexi no es solo cómo se ve tu cuerpo, sino también lo que haces con él. Damas, provóquenlo quitándose lentamente la ropa interior, quizás mientras se apoyan sobre él. Pasa tus manos sobre tu cuerpo antes de dejarlo tocarte. ¡Este tipo de cosas lo pondrá en órbita!

A menudo, la razón de que a nosotras las mujeres nos gusta ponernos las pijamas de franela, meternos bajo las frazadas y quitarnos la ropa tapadas es porque la habitación está muy fría, especialmente en invierno. Por cierto, este es el caso en Canadá, de donde soy. Mantener la calefacción baja por la noche es una buena forma de conservar energía y ahorrar dinero. Pero sepan esto: *si quieren subir la temperatura en su habitación, quizás de hecho quieran* **subir la temperatura**. Una solución rápida es comprar un calentador portátil y ponerlo en el lado de ella de la cama.

Tócalo a él también

El juego previo no tiene que ser solo para ella; puede y debe también involucrarla a ella tocándolo a él. Y tócalo por todos lados, no solo sus genitales. Sedúcelo un poco, y luego pídele que te muestre de qué manera le gusta ser tocado y acariciado. A menudo las mujeres usan un tacto demasiado suave, así que pídele que te guíe la mano.

Ahora bien, tocarlo todo el tiempo que él te está estimulando quizás no sea la mejor idea, porque si está distraído quizás no pueda hacer su parte completamente. Pero hacerlo un poco demuestra que también te interesas por su placer. Además, también puede ser muy excitante. Tócalo y te darás cuenta del poder que tienes sobre él. Él te desea. Deléitate en eso.

No te quedes quieta

Una de las razones por la que los hombres piensan que deberían hacer el juego previo rápido es porque muchas veces ella está acostada sin hacer nada, lo cual hace que toda la experiencia sea algo aburrida. Pero no hay razón para que los dos deban estar acostados así. De hecho, no hay ninguna razón por la que tengas que estar por mucho tiempo en una sola posición. Por ejemplo, él podría sentarse y ella podría sentarse sobre él mirando los dos en la misma dirección. De esta manera, él está en una posición que puede estimular varias partes del cuerpo de ella, pero se siente psicológicamente diferente. Muchas mujeres encuentran esta posición un poco más cómoda porque no se están mirando cara a cara, así que no es tan intensamente personal.

Frota tu cuerpo contra él

Él sí disfrutará de esta: si necesitas ser estimulada en cierta manera, estimúlate a ti misma. Pero no con tus manos. En cambio, usa su cuerpo. Encuentra una manera de frotarte contra sus piernas, o aun contra su pene sin que él te penetre, eso se siente delicioso. Esto requiere mucho movimiento por parte de la mujer, que es lo que él realmente disfrutará. Hace que parezca como si estuvieras ansiosa por su cuerpo y como si lo estuvieras realmente disfrutando, lo que le excitará. Y si cambias de posición para conseguir un ángulo, será aún mejor porque él también va a ser estimulado.

Puedes añadir algo de tensión al momento agarrando sus manos y forzándolo hacia la espalda, donde él tiene que quedarse. Luego di algo así: «Ahora, te voy a usar». Luego presiónate sobre él en maneras que funcionen para ti, y prohíbele que se mueva. Él sentirá el aumento de la tensión sexual en el momento que tú lo disfrutas.

Besa

¡No te olvides de besar! Si se están besando, entonces no parecerá que haya un reloj de trasfondo marcando el tiempo. Y no tienen que solo besarse las bocas. ¡Besen cualquier cosa! Hasta pueden besar algo inocuo, como el cuello de él o las orejas de ella, pero traten de seducirse y enloquecerse uno al otro mientras lo hacen.

Hablen

Díganse uno al otro lo que les hace sentir bien, ¡esto es particularmente importante para las mujeres! Dile que lo amas. Coméntale qué músculos extraordinarios tiene. Recuérdale de un tiempo hermoso que tuviste el año pasado en tu aniversario. ¡Dile algo sexi! Si estás hablando, le estás mostrando que disfrutas lo que estás haciendo. Estás metida. Estás emocionada por participar. Y para los hombres saber que sus esposas están disfrutando del sexo es de mucha excitación.

Recuerda: lo que a menudo estimula al hombre, aún más que lo físico, es el aspecto visual y sicológico. Si ella deja que él la mire, él se excitará. Y si él siente que ella se está excitando, que la está pasando bien y que está compenetrada para que sea algo maravilloso, él también estará excitado. Así que el juego previo no tiene que ser solo para estimularla físicamente a ella. Si bien es para que ella esté en humor, hacerlo también es una manera de afirmar a su esposo que ella está emocionada de que están juntos. Si haces todas estas cosas, el sexo ya no parecerá más como el evento principal. ¡Parecerá que forma parte del paquete completo!

Desafío del día 15 para el mejor sexo

¡Aumenta el juego previo! Escoge al menos tres de las ideas mencionadas y úsalas en el juego previo esta noche. Te recomiendo que uses la que ella se frota contra él para estimularse. Ella conseguirá exactamente lo que necesita, ¡pero él disfrutará de la acción!

AYÚDALA PARA ALCANZAR EL GRAN «O»

Después de que mi esposo y yo dimos la «charla sexual» en FamilyLife Canadá Marriage Conference, una mujer muy decidida se acercó a mí: «Tengo una pregunta, pero nunca encontré a alguien para hacerla. ¿Qué es un orgasmo? ¿Y cómo sé si he tenido uno?».

En las encuestas que hice para _The Good Girl's Guide to Great Sex_, alrededor del sesenta y un por ciento regularmente experimenta el orgasmo (ya sea por la estimulación o el coito), pero eso deja un treinta y nueve por ciento que a menudo no lo tiene. Y algunos dentro de ese treinta y nueve por ciento nunca han alcanzado el orgasmo.

Un orgasmo es el clímax del placer sexual. Aunque el orgasmo de un hombre es bastante obvio, el de la mujer no lo es, pero se siente igual de bueno. Las mujeres tienden al clímax justo después de una tensión exquisita con la cual probablemente irrumpirías en lágrimas. Cuando las mujeres tienen un orgasmo, olas de placer pasan sobre ella. Sus piernas tienden a endurecerse. Sus cabezas a menudo se mueven de lado a lado involuntariamente. Los músculos vaginales se contraen. Además, se siente maravilloso.

La mayoría de las mujeres encuentran más fácil tener un orgasmo con la estimulación oral o manual que durante el coito (mañana hablaremos más sobre el porqué de esto). Pero ¿qué haces si nunca has experimentado un orgasmo o si estos tienden a ser raros?

Primero, eso es perfectamente normal. Las mujeres son más propensas al orgasmo una vez que han estado casadas por varios años, así que si toma un tiempo está bien. El orgasmo es la cima del desprendimiento; si en tus primeros años de matrimonio aún eres tímida, desprenderte puede ser difícil. No te preocupes por esto. Cuanto más te preocupas, menos probable será que llegues allí.

Pero solo porque muchas mujeres tardan unos años en llegar allí no significa que tú también tengas que hacerlo. Aquí te presento algunos consejos para aumentar la posibilidad del orgasmo.

Relájate

Para sentir el orgasmo tienes que ser totalmente conquistada por el momento y el sentimiento. Si algo te distrae es difícil ser conquistada. Si estás tensa, será improbable que suceda. ¡Lo mejor que puedes hacer es relajarte! No te preocupes; sucederá una vez que tu cuerpo se acostumbre al placer.

Muévete

No te quedes solo acostada esperando que venga sobre ti. Permanece como participante activa al hacer el amor. Cambia de posiciones, aunque sea un poco, para que se sienta bien. Inclina tu cuerpo. Estando arriba muévete de vez en cuando. Toma su mano y muévela adonde te gustaría ser estimulada, aun durante el coito. Cuanto más iniciativa tomes, más sexi te sentirás.

Enfócate en sentirte bien

Este es el consejo más importante: enfócate en sentirte bien, no en alcanzar el orgasmo. Haz que el placer sea tu meta. Cuando hagas el amor, enfócate en el placer que estás sintiendo. Pregúntate: «¿Qué me hace sentir bien?» o «¿Dónde quiero que mi esposo me toque ahora?». Eso te ayuda a enfocarte en todo lo que te excita. Luego, lentamente deja que este placer te vaya llevando. Si lo que él hace no se siente bien, cambia un poco, o colócalo a él en otra posición. Déjale saber; es probable que esté ansioso por hacer los ajustes correctos.

Respira

A veces dejamos de respirar porque sentimos que estamos demasiado cerca. Endurecemos nuestras piernas, nos concentramos mucho y retenemos el aliento. Si bien para algunas mujeres esto funciona. Para muchas otras, puede hacer que el crescendo del placer llegue a un alto. Sin oxígeno el orgasmo sigue siendo difícil de alcanzar. Entonces, tal como dicen en la clase de gimnasia: «¡No te olvides de respirar!». Si te das cuenta de que endureces tus piernas y dejas de respirar en desesperación por el orgasmo, y luego no llegas, intenta lo opuesto. Relájate, respira profundamente, y deja que te lleven las olas del placer en lugar de intentar forzarlas.

Una nota para los esposos

Si pones mucha presión sobre tu esposa para que sienta el orgasmo, y ella se siente un fracaso si no lo hace, en tal caso será menos probable que ella quiera hacer el amor si piensa que no puede alcanzar el clímax. Es maravilloso que quieras darle placer a ella; pero si la presionas puede resultar contraproducente. Toma las cosas lentamente, ríete mucho, deja tiempo para explorar y permite que las cosas sucedan.

Ahora, si tú alcanzas regularmente el clímax antes que ella, por favor no la dejes colgada. Toma el hábito de ayudarla después estimulando su clítoris o cualquier otra cosa que sea para ella placentera. Si regularmente ella queda sexualmente frustrada, eso aumentará su tensión por no poder alcanzar el orgasmo, y puede hacer que sea más difícil llegar al clímax.

Desafío del día 16 para el mejor sexo

Repite el desafío de ayer para enfocarte en el juego previo y llévalo un paso más allá. Si ella nunca experimentó un orgasmo, intenta prolongar el juego previo para ver si sucede. Si estás dispuesto, ¡*no te rindas hasta que suceda*! Algunas parejas han intentado esto, aunque les tomó horas, y el alivio es inmenso. Mujeres, enfóquense en el placer, enfóquense en lo que siente su cuerpo y relájense. Si ella experimentó el orgasmo por otros medios diferentes al coito, pero tiene dificultades para alcanzarlo a través del coito, pasa mucho tiempo haciendo juego previo, y comienza con el coito solo después que ella está muy cerca del clímax. Y mujeres, aprendan a deleitarse en el placer.

El centro del placer

«Todavía no entiendo por qué se hace tanto alboroto sobre el sexo». Siempre escucho a mujeres decir esto. Las personas en las películas parecen quedar sin aliento, pero a estas mujeres no les quita el aliento en lo absoluto.

¡Hoy vamos a intentar mostrarle a ella de qué se trata todo este alboroto! Muchas mujeres no han experimentado el sexo como una sensación física maravillosa. Después de todo, es un poco complicado para nosotras porque no se nos garantiza el placer en la manera en que los hombres suelen sentirlo.

Una vez que las mujeres experimentan el placer eso puede hacer que el sexo sea mucho más apasionado, la frecuencia del sexo aumenta. Pero la pasión en sí es lo que los esposos a menudo anhelan. No es solo el alivio; es verla a ella recibir y experimentar placer.

¿Cómo podemos experimentar el placer? Hemos hablado sobre pasar más tiempo en el juego previo y cómo relajarnos y experimentar el orgasmo, pero vamos a ver las cosas en un sentido más técnico (que nos conducirá a más diversión).

Aquí está la cosa sobre el orgasmo para las mujeres: casi todos los orgasmos son causados por el clítoris (ese pedacito de carne delante de la vagina) cuando se estimula o se presiona. La vagina en sí no tiene tantos nervios; el clítoris, tan pequeño como lo es, tiene más nervios que el pene. El clítoris es el pequeño punto del placer.

Pero debido a que es pequeño, muchas veces no recibe mucha

estimulación una vez que comienza el coito. Así que, aquí presento unos consejos para que te asegures de que tu clítoris reciba la atención que necesita para experimentar el verdadero placer.

Cambia la posición misionera

Mujeres, levanten su pelvis cuando están abajo. Si él está arriba y tú te quedas allí acostada, no experimentarás mucha estimulación. Inclínate hacia arriba, y pondrás presión sobre el clítoris y cambiarás el ángulo para que su hueso pélvico te estimule durante el coito. Así que arquéate hacia arriba (apretando tus músculos glúteos, por así decir). Es un pequeño cambio, pero hace mucho. Solo apretando tus músculos activarás el clítoris y eso en sí mismo te hará sentir mejor.

Ponla a ella arriba

Haz el amor con ella arriba. Luego que ella lentamente cambie de ángulo para lograr frotar en él ese punto que a ella la hace sentir bien. Vayan ajustando o rotando gradualmente hasta que se sienta bien.

Tócala durante el coito

Si intentas otras posiciones distintas de la posición misionera, permite que él ponga un dedo o dos sobre el clítoris para que ella reciba estimulación durante el coito. Durante el juego previo ella podría sentirse muy bien porque él la estimula directamente donde es muy agradable, pero cuando empiezas el coito, dependiendo de tu posición, la estimulación casi se detiene. Si él puede dar placer por medio de sus dedos, eso puede ayudar a mantener el impulso de las cosas.

Un consejo para el hombre: no te concentres en rozar el clítoris durante el coito; solo apoya tu dedo. Esa presión es todo lo que necesita, y con tu continuo vaivén lo más probable es que la rozarás un poco. Es mejor poner un poco de presión que tratar de hacer otras cosas.

Muchas mujeres sienten que algo debe andar mal con ellas porque el coito en sí mismo no se siente tan maravilloso. Pero eso suele ser normal. Debido a que la vagina no tiene muchos nervios, a menos que hagas un esfuerzo para que su clítoris esté alineado con la base de su pelvis, ella no recibirá la sensación de placer que necesita. No existe un problema con ella. Es solo que los dos tienen que ajustar un poco su posición.

Recibí un correo electrónico de una mujer que dijo: «Siempre estoy escuchando sobre todo tipo de posiciones, y sí quiero tener una vida sexual divertida y variada; pero en verdad debo decirte que solo hay una posición que funciona para mí. No puedo sentir el orgasmo de otra manera. ¿Qué es lo que anda mal en mí?».

Nada en lo absoluto. Muchas mujeres alcanzan el orgasmo más fácilmente por medio de la estimulación aparte del coito, y quizás solo haya una o dos posiciones para el coito donde el ángulo da suficiente estimulación. Por lo general, las mujeres tienen que rotar e inclinarse para obtener ese ángulo justo. Y tampoco es la misma posición para todas las mujeres. Si tú disfrutas de otras posiciones, pero encuentras que solo hay una que la conduce al orgasmo, está bien. Siempre puedes usar las otras como juego previo y luego terminar en tu posición favorita. Si ella no se beneficia de la gimnasia sexual no significa que sea inferior.

Dicho sea de paso, mujeres: mientras intentan encontrar la posición correcta, esto también significa que tienen que ser más activas cuando hacen el amor. Tienen que cambiar un poco de posición, inclinarse un poco, y esto significa que estarán más activas. Tu esposo probablemente apreciará esto porque le demostrará que tú quieres hacer el amor y que escoges recibir el placer. Esto es algo muy importante para el hombre. Así que incluso si te toma unos pocos intentos (o muchos intentos) encontrar un ángulo que provea muchas sensaciones placenteras, él disfrutará de tu esfuerzo (y probablemente tú también).

Y si al final de eso ella aún no llega al orgasmo a través del coito, pero solo por medio de otra estimulación, eso no significa que has fallado. Siempre que los dos se estén disfrutando mutuamente y sintiéndose cerca, están bien. Solo asegúrate de que ella alcance el orgasmo de alguna manera, aunque no sea por medio del coito, porque el sexo está destinado a ser mutuo.

Desafío del día 17 para el mejor sexo

Esta noche prueba con una o dos posiciones, pero deja que ella te dirija. Dale tiempo para rotar y experimentar para encontrar el ángulo ideal. Esto requiere valentía y firmeza. ¡Ella tendrá que hablar! Y si no se siente bien, sigan intentándolo. Si es necesario, cambien de posiciones. Pero no se «conformen». Mujeres, díganle a su esposo qué es lo que las hace sentir bien y sigan buscando hasta que encuentren la posición perfecta.

La teología del clítoris

Recuerdo haber quedado conmocionada en un retiro del grupo juvenil donde el pastor se refirió al clítoris. Su punto era que *Dios había creado una parte del cuerpo de la mujer cuyo único propósito era su placer sexual.*

En ese tiempo quería que la tierra se abriera y me tragara. No sabía qué hacer con esa información. En retrospectiva, me alegro de que él haya señalado el propósito del clítoris, porque dos pensamientos se quedaron conmigo:

- El sexo no solo es para que los hombres se sientan bien.
- Dios tuvo la intención de que el sexo fuera placentero.

Eso era lo que el pastor quería que todos supiéramos, ¡y cuánta razón tenía! No tenemos que sentirnos incómodas por disfrutar el sexo o avergonzadas por querer el sexo, porque Dios creó el sexo para que fuera placentero. Así que veamos lo que el clítoris puede decirnos sobre la intención de Dios para el sexo, cómo Dios se siente en cuanto a las mujeres, y hasta lo que podemos aprender sobre Dios en general.

LO QUE EL CLÍTORIS NOS DICE SOBRE EL SEXO

Dios creó una parte del cuerpo solo para el placer. El pene tiene varios propósitos, pero el clítoris es solo para una cosa. Esto indica que el sexo debe ser placentero en general, pero también especialmente para la mujer. Dios tuvo la intención de que el sexo también sea específicamente para el placer sexual de la mujer.

Yo pienso que lo más interesante es la ubicación del clítoris, justo entre los pliegues de la piel, justo delante de la abertura de la vagina. La manera más natural para que el clítoris reciba algo de atención cuando la pareja está cara a cara. Sea que él la esté estimulando manualmente o que están haciendo el coito en alguna posición donde están cara a cara. Con esto no quiero decir que no puedan usar otras posiciones; pero el hecho que el clítoris es a menudo estimulado cuando estamos uno frente al otro esto significa que la intención de Dios es que el sexo sea personal. Casi todos los demás animales tienen sexo desde una posición de entrada trasera. Pero Dios muestra que la humanidad es diferente. Él tuvo la intención de que el sexo fuera para que ambos se sintieran cerca. Una de las cosas más íntimas que ustedes pueden hacer es mirar en los ojos del otro a la altura del orgasmo, cuando la oxitocina (la hormona de unión) está en su máximo nivel. ¡Los une!

LO QUE EL CLÍTORIS NOS DICE SOBRE LAS DINÁMICAS DE GÉNERO

Dios pudo haber creado el cuerpo de las mujeres para que obtuviéramos el máximo placer a través del coito. Pero no lo hizo así. Sin embargo, eso no significa que las mujeres no puedan sentir placer por el coito, pero en general, la mayoría de las mujeres dicen que alcanzan el orgasmo más fácilmente por la estimulación del clítoris. Ellas tienen la tendencia a necesitar primero mucha estimulación manual u oral para alcanzar el orgasmo a través del coito.

¿Por qué hizo Dios al clítoris de esta manera? Esta es mi teoría: mientras que los hombres a menudo alcanzan el clímax muy rápidamente por medio del coito, las mujeres no. Eso significa que para que las mujeres sientan placer, los hombres tienen que reducir su velocidad y pensar en sus esposas. El sexo es mejor cuando no es al estilo «animal», donde simplemente tienes relaciones sexuales sin juego previo, porque eso le hará sentir bien a ella. Si el sexo será algo que funcione bien para los dos, los hombres tienen que aprender a no ser egoístas. Las mujeres tienden a sentirse como las que siempre están sirviendo a los demás, pero Dios hizo nuestros cuerpos deliberadamente para que, si nos vamos a sentir bien durante el sexo, los hombres tengan que tomar tiempo para servir a la mujer.

LO QUE EL CLÍTORIS NOS DICE DE LO QUE DIOS QUIERE PARA LAS MUJERES

Esto es algo interesante: mientras que el sexo funciona mejor cuando el hombre no piensa lo que está sintiendo, pero se concentra en lo que ella está sintiendo (para prolongar el coito y hacer que ella se sienta bien), también funciona mejor cuando la mujer está pensando en lo que ella siente. Ella tiene que parar de hacer múltiples tareas, parar de pensar en otras cosas, y permitirse sentir. Eso es difícil para las mujeres porque estamos muy acostumbradas a pensar en las necesidades de los demás. Pero para que el sexo funcione bien tenemos que ser un poquito egoístas. Tenemos que prestar atención a lo que sucede en nuestros cuerpos.

El sexo es como un regalo de Dios a las mujeres, donde tenemos que tomarlo con más calma y solo sentir.

LO QUE EL CLÍTORIS (Y EL ORGASMO) NOS DICE DE DIOS

Que las mujeres tengan un clítoris significa que Dios desea que el orgasmo también sea parte de la experiencia femenina. ¿Qué nos enseña eso sobre Dios? Nos muestra que Dios no tiene la intención de que siempre nos sintamos en control. No podemos tener un orgasmo si estamos tratando de controlar todo. Tenemos que soltarnos y dejar que suceda. El orgasmo, en sí mismo, es la antítesis del pensamiento. A veces, cuando estás teniendo un orgasmo no puedes pensar claramente. Es como si algo te estuviera llevando.

Eso es lo que Dios quiere que las mujeres sepan sobre la pasión: no siempre tenemos que estar en control. Dios creó el sexo como un espejo de lo que se supone que nuestras vidas con él deben ser. Él no quiere que sintamos que siempre tenemos el control. A veces, él quiere que nos dejemos llevar por él, que tan solo confiemos y experimentemos el amor y sintamos alegría.

Eso es muy genial para una pequeña parte del cuerpo. Piénsalo:

- Dios quiere que las mujeres sientan placer.
- Dios quiere que ese placer sea íntimo y personal.
- Dios quiere que los esposos presten atención y tomen tiempo para complacer a sus esposas.
- Dios quiere que las mujeres no se sientan como que siempre son las tienen que dar de sí mismas, sino también que aprendan a recibir.
- Dios quiere que aprendamos que a veces tenemos que dejar las multitareas y sentir que estamos en control, y permitirnos ser llevadas.

Mujer, esto es lo que Dios quiere para ti.

¿Lo entiendes?

Esto me dice que Dios ama a las mujeres, que Dios se interesa por nosotras y que diseñó el sexo para que sea algo maravilloso para nosotras.

No sé dónde hoy te encuentras. Quizás eres alguien para quien el sexo nunca se ha sentido muy bien. Quizás te sientas abatida por Dios como si él tuviera una mayor preferencia por tu esposo. Quizás sientes que el sexo es maravilloso para todos menos para ti.

Vuelve a repasar esta lista y recuérdate que este es el anhelo verdadero de Dios para ti. El sexo es un regalo que él diseñó para ti. Tú no eres una idea posterior, en la que solo recibes las migajas que deja tu esposo. Tú eres importante. Así te mira Dios. Y esto es maravilloso.

Día 18

Pequeños cambios que para ella son maravillosos

¡A veces los cambios pequeños pueden provocar el efecto más grande! Ayer hablamos sobre inclinar la pelvis de ella para lograr más estimulación donde se necesita; hoy vamos a enumerar algunas cosas que los hombres pueden hacer para que el sexo se sienta mucho mejor para ella. Hombres, ¡aquí vamos!

Deja que aumente la tensión

Provocar y aumentar la tensión a menudo hace que el sexo sea mucho más placentero para las mujeres que tan solo zambullirse en él, porque la provocación la ayuda a ella a prepararse para lo que viene. Debido a que el sexo para las mujeres está muy arraigado en nuestras cabezas, necesitamos la oportunidad de anticiparlo.

Cuando estés haciendo el amor no entres a toda máquina desde el inicio. Comienza de manera superficial y despacio, siendo cada vez más intenso y profundo a medida que ella se sienta más excitada. Por supuesto que a veces ella hará las cosas más rápidamente, pero aliéntala a que marque el ritmo. Si tú empiezas a penetrar antes de que esté lista, será habitual que ella nunca tenga la oportunidad de alcanzarte.

Usa lubricación cuando sea necesario

Algunas mujeres tienen dificultad para «mojarse». Y cuando ella no está bien lubricada el sexo no se siente bien. Pero si agregas algo de lubricación, que puedes comprar en la farmacia, ella sentirá más placer. Y guarda las que cambian de temperatura o dan una sensación adicional para las noches especiales. Una lubricación sencilla sin nada especial (o cosquilleo de mentol) puede hacer que el sexo sea mucho más agradable.

El lubricante jamás debe reemplazar el juego previo, pero a veces puede ser útil, como cuando se intenta una nueva posición, cuando lo hacen «rapidito» o aun cuando se pasa por la menopausia y las hormonas están por todos lados.

Presta atención a sus pechos

Los pechos son algo de curiosidad; algunas mujeres disfrutan cuando sus pezones son estimulados y otras no. Pero solo porque no le guste en el juego previo no significa que no gustará después. A menudo las mujeres que tienen pezones sensibles cuando no están muy excitadas disfrutan que se los aprieten justo antes del orgasmo. Así que experimenta un poco con eso. La mejor manera de darse cuenta es que ella esté consciente de su propio cuerpo. Mujeres, presten atención a las señales de su cuerpo; es probable que les dé señales. Pregúntate: «¿Qué es lo que quiere ser tocado ahora?». Tal vez encuentres que tus pechos responden más tarde, ¡al final del encuentro! Asegúrate de decírselo a tu esposo.

Ubica el punto G de ella

Por último, tenemos el escurridizo punto G. Ayer dije que lo que desencadena casi todos los orgasmos es la estimulación del clítoris, que en su mayor parte es cierto. Pero muchas mujeres también se refieren al «punto G», una pequeña protuberancia de carne un poquito más «nudosa» que lo normal ubicado de 4 a 8 centímetros en la parte de arriba de la pared vaginal (la pared que está contra tu estómago, no la parte de atrás). La raíz del punto G no está en la superficie, sino más o menos a un centímetro abajo. Así que es un poco complicado estimularlo. Además, porque está debajo de la superficie de la pared frontal puede ser difícil de encontrar cuando estás en la posición misionera. Algunos investigadores creen que el punto G es simplemente una extensión del clítoris, con las «raíces» en el clítoris extendiéndose hacia arriba por la pared de la vagina. Otros piensan que no existe en absoluto.

Yo creo que nunca debemos sentirnos disfuncionales si no podemos encontrarlo, porque los estudios a gran escala no han demostrado consistentemente una ubicación anatómica definida para él. Ya que muchas mujeres juran que está allí y cualquier investigación que hagas para encontrar el punto G será divertido, ¿por qué no intentar encontrarlo? Y aunque no lo encuentres te sentirás bien.

Puedes intentar localizar el punto G haciendo que tu esposo inserte sus dedos (después de aplicar lubricante) o por medio del coito. Algunas personas encuentran que con la postura «cucharita», donde se acuestan de lado los dos mirando en la misma dirección, la mujer está la posición de arriba para que pueda variar su movimiento, resulta mejor. Sabrás que lo has encontrado porque a menudo es una sensación intensa seguida poco después por el orgasmo.

Desafío del día 18 para el mejor sexo

Escoge uno o dos de los temas de hoy e intenta hacerlos esta noche. Y no te limites a lo que está aquí. Esposos, pregúntenle a su esposa que piensa ella que haría que el sexo se sintiera muy bien, porque ella quizás tenga algunas ideas que ha tenido temor de compartir. No lo tomes personal si ella te pide que hagas algo diferente; solo tómalo como que ella está comprometida a mejorar tu vida sexual. Y esposas, sean sinceras y déjenle saber a él lo que ustedes quieren o lo que les gustaría intentar. ¡El cielo es el límite!

El punto G

¿Qué es el punto G? El término toma su nombre del ginecólogo alemán Ernst Gräfenberg, y este se popularizó en los 1980. Está ubicado a unos cuatro centímetros subiendo por la pared vaginal (del mismo lado de tu ombligo, no la espalda). Originalmente se pensaba que era un área de carne como un cuadro de seis centímetros y medio.

Las primeras personas en escribir sobre el punto G dijeron que causaba intensos orgasmos vaginales y, en algunos casos, «la eyaculación femenina», donde en el orgasmo de repente ella despide «un chorrito» de líquido. Cuando esto sucede, a muchas mujeres les da temor de haberse orinado, pero no es así en lo absoluto. Esto ha sido documentado durante cientos de años en algunos libros médicos antiguos para algunos tratamientos bastante aterradores (como puedes imaginar), pero no hay duda alguna que la eyaculación femenina puede suceder.

En los años 1990 hubo una gran cantidad de artículos que trataron de enseñarle a las mujeres a encontrar su punto G. Las revistas para mujeres en los 1990 y a principios de los años 2000 incluían habitualmente artículos sobre esta «nueva» cosa que se acababa de descubrir, y ayudaban a las mujeres a intentar alcanzar nuevas alturas de placer.

El problema era que muchas mujeres no podían encontrar un lugar específico. Ellas leían los artículos que decían: «¡Está allí! ¡Deberías encontrarlo!». Pero el sexo en sí no parecía ser capaz de estimularlo. Así que los investigadores también se zambulleron al juego y trataron de encontrar un lugar específico. No pudieron, y cuando publicaron su estudio diciendo que el punto G no existía, recibieron toda clase de oposición de las mujeres que decían: «¡Pero sí que existe!» ¡Yo lo puedo sentir!».

ENTONCES, ¿CUÁL ES LA VERDAD SOBRE EL PUNTO G?

Lo que muchos investigadores creen ahora es que el punto G no es un punto específico, sino más bien una región en la pared frontal de la vagina, del otro lado de la esponja uretral (que, a menudo, explica por qué la relación sexual se siente mejor cuando tienes una leve urgencia de orinar). Y el punto G no es una entidad separada, sino parte de las «raíces» del clítoris. Ellos creen que el clítoris tiene «piernas» o raíces que se extienden por la pared frontal de la vagina cuando es excitada y esto puede causar orgasmos mucho más intensos que el clítoris.

Algunas mujeres parecen ser mucho más sensibles que otras en esa área, y parece que se debe al espesor del tejido en la zona. Es algo que los científicos todavía están tratando de descubrir.

¿QUÉ SIGNIFICA ESTO PARA TI?

Nadie debería sentir que tiene que encontrar un punto G o que de alguna manera son inadecuados si no lo hacen. Aun las mujeres que dicen que tienen un punto G a menudo tienen dificultades para experimentar el orgasmo teniendo relaciones sexuales en la «posición misionera» porque el pene no está ejerciendo presión en el lugar y el ángulo correcto.

Recuerda que, si ella inclina su pelvis cuando están haciendo el amor, y aprieta un poco sus nalgas, es más probable que active algunas de esas terminaciones nerviosas en la pared frontal de la vagina. Ella consigue poner su cuerpo en una mejor postura, sus músculos se activan, y se pone un poco de presión en la esponja uretral, que puede hacer presión en esa región y sentirse mejor.

Este es el consejo: durante el coito ponte en una postura que sea cómoda. Una vez que lo estés, inclina un poco las caderas. Luego intenta hacer círculos en lugar de impulsar, y fíjate si se siente más delicioso.

PEQUEÑOS CAMBIOS QUE
PARA ÉL SON MARAVILLOSOS

Por lo general, los hombres no tienen mucha dificultad para sentir placer físico del sexo como las mujeres, pero eso no significa que no haya algunos cambios que las mujeres pueden hacer para ayudarlo a sentirse aún más asombroso. Así que, esposas, aquí les doy algunos consejos para hacer que el sexo sea extra especial para él.

Muévete

Con demasiada frecuencia, las mujeres podemos caer en la trampa de pensar que lo que realmente le importa al hombre es el alivio sexual: Necesita su orgasmo, y entonces está bien. Pero recuerda que, para un hombre, la sexualidad está envuelta en toda su identidad. El alivio sexual no es todo lo que necesita; él requiere el sentimiento de aceptación y amor que recibe de saber que su esposa quiere hacer el amor con él. No es que ella solo le *permite* hacérselo, sino que ella lo *quiere*.

¡Para que tu esposo se sienta genial, tienes que demostrarle que tú también disfrutas el sexo! Gran parte de su placer está envuelto en la idea de que él puede hacerte sentir tan bien que los dedos de tus pies se ricen. No te quedes solo acostada. ¡Muévete! Pásale tus manos por la espalda. Prueba una nueva posición. Responde a sus movimientos moviendo tus caderas. Muéstrale que estás metida en el momento.

Exprésate

No solo te muevas; gime. O habla. ¡O di algo! A los hombres les encanta la retroalimentación de que lo que están haciendo se siente bien. Tampoco es necesario que se escuche como algo «de mal gusto». Decir: «Ah, eso me encanta», o «¡No pares!» puede ser algo que lo haga sentir muy bien.

Recuerda sus zonas erógenas

Las mujeres tienen muchas áreas sensibles. Durante la relación sexual tenemos la tendencia a enfocarnos más en las áreas del cuerpo de la mujer que del hombre porque ella necesita la atención para excitarse durante el juego previo. Pero al hacerlo, podemos estar dejando afuera a los hombres. Contrariamente a la creencia común, los hombres tienen más de una zona erógena. Muchos hombres encuentran sus pezones sensibles y también sus cuellos y los lóbulos de las orejas o detrás de sus rodillas. Así que, cuando hagas el amor, presta atención a otras partes de su cuerpo también, especialmente a sus orejas y el cuello. Esto lo hará más íntimo e intenso para él.

Apriétalo

Mientras que está genial que le impulses el ego al mostrarle que estás disfrutando del sexo, algunos actos físicos pueden también llevarlo al éxtasis. Una de las cosas más agradables que puedes hacerle es apretarlo mientras está dentro tuyo, usando tus músculos pélvicos, que pueden abrir y contraer tu vagina. Es posible que no los hayas notado antes, pero si detienes el flujo de orina cuando estás orinando, estarás activando esos músculos.

Cuando hagas el amor, haz ese mismo movimiento y apriétalo. Puedes aguantar el apretón, o si tus músculos son fuertes, puedes apretar rítmicamente a su empuje. Para acostumbrarte a usar estos músculos, haz que él entre, pero tú te quedas quieta. Puedes practicar la compresión y relajación, apretar y relajar, y fíjate si él nota la diferencia.

Déjalo entrar más profundo

Otra cosa especialmente agradable es encontrar una posición que lo deja a él entrar aún más profundamente. Esto no es algo que probar cuando te estás acostumbrando a hacer el amor o cuando estás adolorida. Pero si estás lista, envuelve tus piernas alrededor de su espalda o descansa tus pies sobre sus hombros (si eres lo suficientemente flexible).

Ahora bien, hombres, si ella está haciendo esto, ella se está haciendo muy vulnerable (que, por supuesto, es lo que lo hace excitante). Trátala bien y asegúrate de que no se sienta incómoda. Al principio siempre debes empezar despacito.

Desafío del día 19 para el mejor sexo

Habla con él sobre cuál de estas ideas le gustaría probar (y si quiere probar las más aventureras; tómense dos días para hacer este desafío). Hombres, esta es la noche para que le digan a ella lo mucho que significa para ustedes que ella también disfrute del sexo. Explícale cómo te sientes cuando sabes que ella está excitada para hacer el amor. Y déjala saber qué tipo de cosas ella puede hacer o decir para afirmarte cuando hacen el amor.

Si quieres probar las sugerencias más físicas, háganlo despacito y aprendan juntos. Y luego muéstrale tu aprecio por ir un poco más allá de sus límites.

La teología del pene

Entonces, ¿qué aprendemos sobre Dios y el diseño de Dios para el sexo de cómo funciona la anatomía masculina?

LA ATRACCIÓN SEXUAL ES NATURAL

Primero, en lo más básico, el coito solo funciona si el hombre está excitado. Por eso Dios creó al hombre para que se excite fácilmente (por lo general). Si comparas las curvas de campana de la libido de las mujeres a las de los hombres, verás que se sobreponen, con la libido de los hombres siendo, en general, más altas.

Esto no significa que no haya mujeres con la libido más alta que los hombres, pero a los hombres les es más fácil excitarse y permanecer excitado que a las mujeres.

Esta es la manera como fuimos diseñadas. La mayoría de los hombres sienten la atracción sexual de forma natural. No es pecado. Fueron creados para ser atraídos a las mujeres sexualmente para que el coito sea más fácil. Si los hombres fueran irregulares en su excitación y respuesta sexual, como las mujeres, el sexo sería mucho menos frecuente y mucho más interrumpido.

(Pero, esto no quiere decir que algunos hombres no sufran de una disfunción sexual o de una libido baja, solo que *en general* la excitación de los hombres es más automática que la de las mujeres).

Deberíamos dejar de enmarcar la atracción sexual como si fuera pecado. Notar no es codiciar. Un hombre puede notar a una mujer hermosa y luego no hacer absolutamente nada con ese pensamiento. Si cada vez que un hombre mira a una mujer hermosa, le decimos que está en pecado, los ponemos en una situación imposible. Notar a una mujer hermosa y luego imaginarla desnuda o fantasear con ella es codiciarla; notar a una mujer hermosa, pero no quedarse pensando en ella, no es pecado en absoluto.

PARA LOS HOMBRES EL SEXO ES SOBRE SER ACEPTADOS Y «PERMITIRLES ENTRAR»

Y aunque las mujeres pueden tener relaciones sexuales cuando no las quieren tener (lo cual es trágico para muchas mujeres), los hombres necesitan estar con su mente «en eso» para poder hacerlo. (Esto no significa que los hombres no puedan ser violados; los cuerpos pueden responder al estímulo, aunque no sea deseado, un fenómeno que llamamos excitación no deseada o sin concordancia). Pero en una relación, por lo general, los hombres no pueden tener sexo a menos que quieran. Por tanto, lo que muchos hombres buscan es una mujer que también quiera tener relaciones sexuales. Los buenos esposos quieren ser deseados; no aliviados. El sexo se trata de un hombre que entra en una mujer y deja una parte suya en ella. Es el símbolo físico de que él está siendo aceptado. Si ella quiere tener sexo significa que ella lo desea a él. Ella quiere experimentar el deseo y la excitación de él, y quiere ser la deseada. Cuando ella es entusiasta sobre el sexo, él se siente querido y aceptado.

POR LO GENERAL, EL SEXO REQUIERE QUE EL HOMBRE ATRAIGA A LA MUJER

Los hombres se sienten fácilmente excitados y a menudo intensamente, pero también tienen la necesidad de sentirse aceptados (literalmente «es permitido entrar»). Para que esto suceda, las mujeres tienen que realmente desearlos. Ciertamente, un hombre malo puede obligar a una mujer a tener relaciones sexuales, pero eso solo satisface la lujuria y el ansia de poder; no satisface la necesidad emocional de ser aceptado. La libido de un hombre puede excitarse fácil y así convertirse en el impulso dado por Dios para atraer a su esposa. Si él quiere que su esposa esté ansiosa por hacer el amor, él debe construir la relación y la conexión emocional para que ella esté dispuesta a ser vulnerable con él. Su libido, cuando se canaliza correctamente, alimenta una relación más íntima.

EL ÁREA DE MAYOR PLACER PARA EL HOMBRE ES TAMBIÉN EL ÁREA DE SU MAYOR VULNERABILIDAD

Los genitales del hombre son el centro del mayor placer que pueden sentir, pero también es su punto más vulnerable. ¿Quieres poner a un hombre de rodillas? Patéalo ya sabes dónde. Todos los cursos básicos de autodefensa enseñan esta estrategia a las mujeres. ¡Apunta a los testículos!

¿Por qué? Yo sugiero que es para recordar a los hombres que esta parte de ellos puede dominar fácilmente sus relaciones, y sus intentos de dominar a las mujeres pueden también ser su caída más grande. Es para recordarles que son vulnerables. Deben usar sus cuerpos correctamente, o se arriesgan a ser lastimados y lastimar a otros.

LOS HOMBRES DEBEN TENER CONTROL DE SÍ MISMOS

Si los hombres quieren evitar esta vulnerabilidad, deben tener control de sí mismos. Para que el sexo resulte bien, el hombre no debe dejarse llevar por sí mismo. Tiene que pensar sobre la mujer con él para asegurarse de que ella esté contenta, que esté disfrutando y que lo acepte. Él debe asegurarse de no dominarla ni coaccionarla en ninguna manera, lo cual es muy fácil de hacer.

El sexo puede convertirse en una conquista, él la domina y la somete a él. Pero para que el sexo sea todo lo que él quiere que sea, con una compañera que lo acepta con entusiasmo, debe ser mucho más. Esto significa, para los hombres, no permitir que sus instintos se desenfrenen. En cambio, debe templarlos con amor, con deliberación y generosidad. Esto ayuda a que los más fuertes cuiden a los más débiles, y hace que el sexo sea mucho más sobre dar de lo que podría ser de otra manera.

Charla motivacional #3

Para muchas personas el sexo se ha convertido en una parte difícil de sus vidas. Se ha vuelto retorcido o sucio o vergonzoso o simplemente inexistente. Leí muchas respuestas en mi blog y pensé: «¿Por qué dejamos que algo que Dios hizo para ser hermoso se convierta en algo negativo en nuestras vidas? ¿Por qué nos conformamos con eso? No debemos dejar que nos roben algo hermoso nunca más».

Si no tienes ninguno de estos pensamientos, siéntete libre de pasar al día 20. Si tienes estas dudas, lo entiendo. Pero me duele por ti.

Cuando te roban la belleza de hacer el amor, el matrimonio se vuelve triste y estéril. Uno de los signos reveladores de que algo viene de Dios es que está *vivo*. La vida es de Dios. Y la muerte, que es lo opuesto, no es de Dios. Piensa en esto: cuando el mal triunfa, no suele ser categorizado por los árboles o plantas exuberantes o la belleza. Es fea. Incluso si comienza siendo hermosa, la fealdad eventualmente toma el control.

Cuando los mongoles arrasaron Asia y el Medio Oriente en el siglo XIII, dejaron atrás la devastación y el desierto. Muchos lugares que no eran antes desiertos se convirtieron en desiertos en las siguientes décadas porque los mongoles quemaron todo. Sin plantas, la tierra se secó. La destrucción mata lo que estaba vivo.

Si las analogías de la historia no te funcionan, entonces piensa en *El señor de los anillos*, y compara Mordor con la Comarca. La Comarca está viva; cuando Sauron se hizo cargo de Mordor, se aseguró de que todo lo que estaba vivo muriera (excepto sus secuaces también empeñados en la destrucción).

Me di cuenta de este fenómeno en 1989 cuando visité Berlín Oriental. Berlín Occidental era hermoso, con árboles, parques, arte y edificios encantadores; Berlín Oriental era espartano. Todo era utilitario. La alegría se había ido. El mal no solo propaga el mal, sino que también trata de destruir lo que es hermoso.

Recientemente leí en mis devociones la historia de Ezequiel y los huesos secos, que se encuentra en el capítulo 37 del libro que lleva su nombre. Dios llama a Ezequiel a profetizar sobre los huesos muertos, y mientras lo hace, los huesos traquetean. Se forman juntos. Los tendones crecen en ellos. Luego la carne. Pero siguen muertos hasta que Dios sopla su aliento en ellos.

Creo que esa es una imagen de donde muchas de nosotras estamos hoy en día cuando se trata del sexo. Nos sentimos muertas. No nos emocionamos sobre él. No hace crecer nuestra relación, sino que la carcome. Entonces, ¿cuál es nuestra respuesta?

Esta historia tiene dos puntos: uno, esos huesos escucharon la profecía de Ezequiel y se unieron y crecieron. Pero, en segundo lugar, no estaban completamente vivos hasta que Dios les sopló vida. (Sé que me estoy tomando libertades con esto aquí, pero ¡tengan paciencia!)

Entonces, ¿qué significa eso para ti?

Escucha la verdad

Dios quiere que tengas *vida*. Con Dios, la vida es abundante, exuberante, tropical, hermosa. ¡Si tu vida sexual no es así, Dios quiere que lo sea!

¡Entonces ponte de acuerdo con Dios! No estás de acuerdo porque estés ya experimentando esa vida; es muy posible que no estés experimentando mucho de nada. Pero ponte de acuerdo con Dios en que él quiso que tu vida sexual estuviera viva. Acuerda con tu cónyuge, los dos juntos, que así es como Dios quiere que sea. Y déjame decir una palabra al cónyuge, ya sea el marido o la mujer, que tiene la libido más baja: tienes que creer esto también. *Dios tiene mucho más para ti.* Él no te diseñó así. Él quiere que tu matrimonio sea vivo, divertido y apasionado. Si te sientes inadecuado, no te encojas de hombros diciendo: «Y bueno, no hay nada que pueda hacer. Así es como soy». Esa es una excusa.

Si tienes mucho sobrepeso, no vas a decir: «Así es como soy». Sino que dirás: «Necesito perder algo de peso, aunque sea difícil». Si te consumen las pesadillas por lo que te hicieron en el pasado, no vas a decir: «Me parece que no volveré a dormir», sino que buscas ayuda. Y, sin embargo, de alguna manera, cuando se trata del sexo, parece que nos contentamos con decir, «Y bueno, yo soy así».

¡No, no lo eres! Dios quiere que estés vivo. Si aún no has llegado, al menos ponte de acuerdo con Dios en que tener una vida sexual floreciente es el diseño que él tiene para ti.

Muévanse juntos para que suceda

Una vez que te has puesto de acuerdo, tienes que tomar unos pasos hacia adelante. Esos huesos comenzaron a unirse. Se formaron los tendones. ¡Así que *haz* algo! Eso puede significar volver al principio de este libro y releer algunos de los desafíos. Puede significar repasar algunos de los más difíciles y poner tu corazón en ello. En lugar de ponerme en contra y decir: «Eso no es para mí», tal vez debas admitir: «Me asusta un poco, me saca de mi zona de confort, pero sé que Dios quiere que experimente la pasión, así que voy a intentarlo». Incluso puede significar hacer una cita para ver a un consejero licenciado (mira el apéndice) para tratar con algunas cosas del pasado. Solo debes tomar un paso en la dirección correcta.

Deja que Dios entre

Aquí está la parte final y más importante. Puedes estar de acuerdo con Dios todo lo que quieras. Puedes intentar que las cosas vayan en la dirección correcta. Pero en última instancia no puedes hacer esto por ti misma. No puedes obligarte a ser apasionada.

Dios tuvo que soplar vida en esos huesos secos.

Hoy, todos necesitamos el soplo de Dios, incluso aquellas de nosotras que no sintamos que haya algo que tratar en nuestra vida sexual. Todas necesitamos más pasión. Y cuando dejemos entrar a Dios y nos sentimos más cerca de Él, y le dejemos obrar, nos sentiremos mucho más vivas, tanto espiritual como sexualmente. Cuando nos sentimos secas espiritualmente, a menudo nos sentimos secas sexualmente. Lo contrario también es cierto.

Si quieres estar plenamente viva y apasionada, primero debes apasionarte por Dios. Cuando esa relación sea segura, tendrá un gran efecto dominó en la habitación.

Desafío de la Charla motivacional #3

Oren en pareja. Tómense de las manos y oren juntos fervientemente por su vida sexual y su vida espiritual. Ora para que Dios te infunda la pasión que sentirán en la habitación y también fuera de ella. Ora para que conozcas la sensación de estar plenamente vivo en Él. Y no solo hagas oraciones rápidas; lucha en la oración delante de Dios.

Tal vez les sea difícil orar en pareja. ¡Está bien! Pero trata de orar al menos unos minutos. Ora por tus hijos. Ora por tus amigos. A medida que se unan espiritualmente, se sentirán más conectados. Y mientras le piden a Dios juntos, unidos, que bendiga su vida sexual, esa oración será poderosa. Así que ora y verás a Dios obrar.

Si no te sientes cómoda orando, o no son religiosos, pueden escribir un diario o hablar juntos o dar un paseo juntos por la naturaleza. Incluso escribe una declaración de misión de lo que quieres que sea tu matrimonio. Pero si puedes orar, por favor, hazlo. ¡Dios, que creó el sexo, también puede hacerlo estupendo!

La verdadera unidad en la habitación

(La intimidad espiritual)

Día 20

SENTIR LA UNIDAD ESPIRITUAL CUANDO HACES EL AMOR

En muchos sentidos, el desafío de hoy es el más importante de este libro: quiero explorar cómo se supone que el sexo sea una verdadera unión espiritual, mucho más que algo divertido y físico.

Cuando era niña, en la iglesia donde me crie, usábamos la versión inglesa de la Biblia King James, era la traducción que usaba términos muy antiguos del inglés. Y aunque esa traducción puede a veces oscurecer el significado de un pasaje si no estamos familiarizados con esas palabras o frases, ese inglés antiguo puede proporcionarnos un rayo de perspicacia.

Recuerdo específicamente haber escuchado un pasaje del Génesis leído en voz alta un domingo cuando estaba en la secundaria: «Conoció Adán a su mujer Eva, la cual concibió» (Génesis 4:1, RVR1960).

En ese momento, mis amigas y yo nos reímos y nos dimos codazos porque pensábamos que era muy divertido. En lugar de usar una palabra que significara «sexo», la Biblia dice «conoció». Obviamente Dios se avergonzaba de la palabra real.

Pero espera un momento. ¿Y si estuviera pasando algo más?

En el Salmo 139:23, David dice: «Examíname, oh Dios, y conoce mi corazón». De hecho, ese tema de rogarle a Dios que escarbe en lo profundo de nuestros corazones y que nos «conozca» de verdad, aparece a lo largo de las Escrituras. Y la misma palabra hebrea se usa para representar nuestro profundo anhelo de unión con Dios y la unión sexual entre el esposo y la esposa.

¿Y si hay una conexión? ¿Y si el sexo no solo se supone que es una unión física, sino que también encierra este profundo anhelo de ser conocido en todos los sentidos?

Creo que eso es parte del plan de Dios para el sexo. En el sexo nos desnudamos físicamente. Pero para que el sexo funcione bien, también tenemos que desnudarnos emocionalmente. Tenemos que ser vulnerables. Tenemos que «entregarnos». Una mujer tiene que dejarlo entrar emocionalmente para lograr excitarse. Un hombre también tiene que bajar la guardia para experimentar el tipo de amor que anhela.

Dios creó a las personas con un anhelo desesperado por relacionarse. Anhelamos conocer y ser conocidos, y en ese conocimiento ser aceptados. Es nuestra necesidad más profunda. Dios nos dio este impulso para conocerlo y ser conocidos por Él, pero también nos dio anhelos sexuales que reflejan el deseo de estar verdaderamente unidos a nuestros cónyuges y a Dios para ser verdadera y maravillosamente *conocidos*.

Es esta intimidad espiritual lo que la gente más anhela. Cuando nos centramos solo en lo físico, el sexo a menudo puede parecer superficial. Pero cuando combinamos lo físico con lo emocional y lo espiritual, el sexo es impresionante porque abarca todo lo que somos.

En contraste con el sexo íntimo, nuestra cultura abraza el sexo pornográfico. Se centra en sí mismo, en la búsqueda del orgasmo más que en la relación. También se ha vuelto más degradado, con el sexo rudo, el sexo violento, y el sexo degradante que se vuelve cada vez más común en la búsqueda de esa emoción física. El sexo en nuestra cultura sexualizada puede sentirse vacío porque le falta la conexión emocional vital. Eso hace que sea mucho más difícil alcanzar esa gran emoción que se busca lograr. Como el compromiso parece tan extraño a la forma en que nuestra cultura ve el sexo, la única respuesta para encontrar esa emoción evasiva es intentar cosas cada vez más extremas.

Nosotros, los que estamos casados, tenemos lo genuino. Tenemos los ingredientes para una increíble relación sexual porque es verdaderamente íntima, no solo un orgasmo. (Y, por cierto, ¡eso hace que el orgasmo sea aún mejor!). De hecho, las mujeres que tenían la mayor probabilidad de tener un orgasmo, en las encuestas que hice, eran mujeres cristianas casadas. Cuando estás en una relación comprometida de por vida, es más probable que experimentes *todos* los maravillosos aspectos del sexo, incluyendo los físicos.

Pero ¿cómo, prácticamente, podemos experimentar la «intimidad espiritual» cuando hacemos el amor?

Tomen tiempo para estar desnudos

No te quites la ropa ligeramente para hacer el amor. Estén juntos y desnudos. Abrácense entre ustedes. Báñense juntos. ¡Incluso oren juntos desnudos! Vuelvan a hacer ese ejercicio en el que toman tiempo para tocarse el cuerpo mutuamente. Es más vulnerable estar desnudo mientras alguien te toca que estar desnuda solo mientras «tienes sexo». ¡Tomen ese tiempo para explorar!

Tomen tiempo para estar desnudos *espiritualmente*. Esto puede sonar raro, pero confía en mí: ora antes del sexo o al menos lee un salmo o algo así. Cuando nos unimos primero espiritualmente, es como si nuestras almas se unieran. Y cuando nuestras almas se unen, queremos unirnos de una manera más profunda. Así que guarda una Biblia junto a la cama y lean juntos los pasajes por la noche. Traten de orar juntos. Si no te sientes cómoda con la oración de forma libre, compra un libro de oraciones, usa una aplicación de oración diaria, o prueba la oración diaria anglicana. Cuando son sinceros y se postran juntos delante de Dios, se sentirán atraídos uno al otro de una manera mucho más intensa.

Mírense a los ojos

Los ojos son ventanas, pero ¿cuántas veces cerramos los ojos durante el sexo, como si tratáramos de cerrar a la otra persona y concentrarnos en nosotros mismos? Sé que a veces hay que cerrar los ojos para sentir todo, pero a veces hay que abrirlos y mirarse a los ojos. Ver realmente a tu cónyuge y dejarlo que vea dentro de ti es muy íntimo, especialmente en la cima de la pasión.

Dile te amo

Mientras haces el amor, o incluso cuando tengas un orgasmo, dile te amo. Haz que el sexo no solo sea para sentirse bien, sino también para expresar amor. Di el nombre de tu cónyuge. Demuéstrale que estás completamente cautivado.

Desea a tu cónyuge

La intimidad espiritual durante el sexo depende, en última instancia, del deseo que tengas de unirte a tu cónyuge. Y ese deseo se alimenta a lo largo del día concentrándose en lo que se ama del otro, pensando en el otro, coqueteando y jugando juntos, haciendo declaraciones positivas sobre el otro a los amigos. No es algo que «simplemente sucede». Es la culminación de una relación que ya tienes.

Para muchas parejas, la falta de unidad espiritual es el mayor obstáculo para que el sexo sea todo lo que puede ser. Mañana diseccionaremos un poco más algunos de los desafíos a la intimidad espiritual y al sexo, pero creo que mucha gente ha aceptado la idea de que el sexo es solo físico, cuando en realidad el sexo es la expresión física de un impulso profundo que tenemos para estar conectados entre nosotros.

Recientemente recibí este comentario de una mujer: «Siempre pensé: "Oh, el sexo es solo algo que ÉL necesita. Puedo estar bien sin él". No es cierto. ¡Yo también lo necesito! Nos hemos conectado de maneras increíbles, dentro y fuera de la habitación, ¡y estoy tan emocionada de tener a mi viejo esposo de vuelta!».

Así que abramos la llave del verdadero deseo descubriendo la verdadera unidad. Concéntrense en lo que aman el uno del otro. Oren juntos. Memorícense el cuerpo mutuamente. Dile te amo. Miren los ojos del otro. Únanse de verdad. No hay nada igual.

Desafío del día 20 para el mejor sexo

Antes de que se unan esta noche, pónganse emocionalmente vulnerables el uno con el otro. Eso puede sonar intimidante, ¡pero no tiene por qué serlo! Solo deja que tu cónyuge se entere de lo que pasa en tu corazón y en tu mente. Puedes hacerlo de esta manera:

1. Empieza compartiendo tus «altos» y «bajos» del día.

   Díganse la hora de hoy en que se sintieron más poderosos, motivados, y apasionados. Luego comparte cuando te sentiste más derrotado o frustrado. No tienes que compartir todo el día, pero comparte los momentos emocionales más importantes.

2. Entonces háganse esta pregunta: ¿Qué es un sueño que tienes y que temes que no llegarás a cumplir?

   Dale tiempo a tu cónyuge para responder sin interrumpirle. No intentes arreglar nada. Solo escucha.

3. Finalmente, piensa en tu infancia, y termina esta frase con tu cónyuge: La única persona que me gustaría que conocieras de mi infancia es...

   Tal vez es alguien que murió, o tal vez es alguien con quien has perdido contacto. Pero elige a alguien que te haya impactado mucho y que tu cónyuge nunca haya conocido. Ahora comparte un recuerdo y lo que esa persona significó para ti.

Después de compartir estos pensamientos, has estado emocionalmente vulnerable. Se han dejado entrar el uno al otro. Ahora es el momento de hacer el amor, no solo tener sexo. Esta noche, mientras se conectan, haz lo mejor para mostrarle a tu cónyuge cuánto le amas.

Día 21

ESTAR MENTALMENTE PRESENTE CUANDO HACES EL AMOR

Sentirte totalmente uno con tu cónyuge es algo hermoso. Es una experiencia intensa, y esa intensidad a menudo hace que el lado físico del sexo sea aún mejor.

Pero muchas parejas luchan por lograr la unidad, en parte porque muchas personas no están mentalmente presentes cuando hacen el amor. Si estás pensando en otra cosa durante el coito o la estimulación, tu cuerpo está respondiendo a una fantasía, no a la realidad. Si tu cónyuge no capta tu atención; lo que lo está haciendo es una imagen de una película, un libro, la pornografía o incluso un recuerdo. Eso arruina la intimidad.

Desafortunadamente, en nuestra cultura pornográfica, el sexo se ha reducido a menudo a lo físico. Una persona no es excitante; una imagen lo es. Así que nos resulta difícil excitarnos durante el sexo sin concentrarnos primero en una imagen mental. Los psicólogos incluso han acuñado un nuevo término, Trastorno por Déficit de Atención Sexual, para cuando alguien no puede mantener una erección o no puede mantenerse excitado con su cónyuge, pero requiere un estímulo adicional, como la pornografía o la erótica.

Mi esposo es médico, y cuando estaba en la escuela de medicina le enseñaron que cuando aconsejas a una pareja con problemas sexuales, debes recomendarles que vean porno juntos. El porno se ha convertido en una corriente popular. Sin embargo, no es inofensivo. Cuanto más se excite nuestro cuerpo por un estímulo externo, como la pornografía, más requerirá el cuerpo de ese estímulo para excitarse. La sensación de excitación está principalmente asociada con ese estímulo. Así que solo estar con tu cónyuge y tocar a tu cónyuge ya no es suficiente.

Para agravar el problema, cuando la gente usa la pornografía (y no solo los hombres; el treinta por ciento de los usuarios de pornografía son mujeres), por lo general también se masturban. Gastan su energía sexual en pornografía más que en su matrimonio. Eso disminuye el deseo por su cónyuge y es una de las principales causas de la falta de libido.

Mientras que muchas mujeres también usan el porno, nuestra tentación a menudo se inclina hacia el erotismo. Novelas como *Cincuenta sombras de Grey* se venden como pan caliente a las madres sexualmente frustradas, y la gente piensa que es inofensivo. ¡Simplemente la pone de humor! Y eso es bueno, ¿verdad?

No. Aunque esté de humor, lo está *por una fantasía*, no por su esposo. Cuando hace el amor, es esa fantasía la que la excita, no su marido. Cuanto más usemos un estímulo externo para excitarnos, menos podrá excitarnos nuestro cónyuge, y más dificultad tendremos para mantenernos «mentalmente presentes» mientras hacemos el amor.

Ahora, recordar algo que tú y tu cónyuge hicieron juntos que los llevó a unos orgasmos que hicieron temblar la tierra o imaginar algo que les gustaría hacer juntos o incluso imaginarse en una playa puede ser divertido y un estímulo para la libido. Pero fantasear con alguien que no es tu pareja o usar imágenes pornográficas para excitarte no está bien. No estás ahí experimentando algo con tu cónyuge; estás solo, y esencialmente estás usando a tu cónyuge mientras fantaseas.

Para que el sexo sea íntimo, no podemos reproducir una fantasía o pornografía. Necesitamos estar mentalmente presentes. Pero eso, ¿cómo se mira?

No nos centraremos en otra cosa

Para estar mentalmente presentes, tenemos que tomar la decisión de no pensar en una imagen pornográfica o una línea narrativa o un amante pasado. Nos concentraremos en lo mucho que amamos a nuestro cónyuge y en lo excitante que es. Eso será virtualmente imposible si aún estamos llenando nuestras mentes de porno o erotismo. *Así que debes renunciar a eso.* Al igual que un alcohólico debe renunciar al alcohol, renuncia a lo que te roba la energía sexual.

Para muchas personas, hacer este cambio significa rendir cuentas. Poner controles en su computadora. Comparte tu cuenta de lector electrónico para que tu cónyuge pueda ver lo que estás leyendo. Consigue un compañero de rendición de cuentas del mismo sexo con quien puedas tomar café y que te rete a ser fiel en todos los sentidos y tú haz lo mismo por ellos.

Nos daremos la gracia

Permanecer mentalmente presente es difícil cuando hemos participado mirando porno. Si alguno de ustedes está acortando el ciclo de excitación por depender de las imágenes pornográficas, pídanle a Dios que les ayude a deshacerse de eso, y luego practiquen solo estar presentes mutuamente. Piensa en tu cuerpo. Piensa en tu cónyuge. Pasa tus dedos a lo largo del cuerpo de tu cónyuge. Piensa específicamente en lo que te hace sentir bien y en lo que te gusta de tu cónyuge, y menciona algunos de estos en voz alta. Mantén tu mente enfocada en el presente, y encontrarás una experiencia mucho más íntima e intensa.

Si encuentras que las imágenes mentales interfieren, deja de hacer lo que estás haciendo por un minuto, y solo habla y besa de nuevo hasta que tu mente esté en el lugar correcto.

Si tu cónyuge es el que trata de liberarse de la pornografía, dale la gracia. Sí, puede doler saber que tu cónyuge lucha con la fantasía, pero darle un lugar seguro para admitir cuando están luchando es mucho mejor que humillarle y hacerle tener temor de hablar cuando lucha con eso. Si quieres honestidad e intimidad en el dormitorio, tienes que darle a tu cónyuge espacio para que admita cuando tiene problemas y tienes que dedicarte a ayudarle a superarlos. Recuerda, concéntrate en la dirección que vas, no en el lugar de donde vienes. No te enojes con el pasado; únete para dirigirte hacia una mejor vida sexual para tu futuro.

Desafío del día 21 para el mejor sexo

La última vez que hablamos de porno y erótica fue después del desafío del día 2, con el desafío opcional de tratar con la pornografía. Pero este es un tema tan importante que debemos volver a tratarlo. Si luchas con la fantasía o la pornografía y no se lo has confesado a tu cónyuge, toma ese paso esta noche. Asegúrale a tu cónyuge que quieres ser mentalmente fiel y experimentar una intensa pasión. Comprométete a la fidelidad mental. Revisa ese desafío opcional y comprométete a tomar medidas concretas para terminar con el uso de la pornografía o la erótica. Si el uso de la pornografía está en el pasado, pero los recuerdos o las fantasías todavía te molestan, confiesa eso y pídele a tu cónyuge que te ayude a superar esa lucha.

Si eres el cónyuge a quien se le confiesa, ten compasión de tu cónyuge, especialmente si es sincero en su deseo de cambiar. Recuerda que muchos hábitos pornográficos y eróticos son anteriores al matrimonio, y estas fantasías pueden ser algo con lo que tu cónyuge ha estado tratando de lidiar a solas durante bastante tiempo.

Esta noche, si sientes que tu mente divaga cuando haces el amor, detén las fantasías centrándote en tu cónyuge. Habla en voz alta. Piensa para ti mismo, «¿Qué se siente bien? ¿Qué quiero que haga ahora?». Concéntrate en el cuerpo de tu cónyuge y en lo que tu propio cuerpo está experimentando. Y dile a tu cónyuge si necesitas hacer una pausa o empezar de nuevo. Si tu cónyuge quiere parar y hacer las cosas con calma, asegúrale que está bien. ¡Lidiar con estos temas es mejor que tener algo que se interponga en el camino de la intimidad real!

PRUEBA NUEVAS POSICIONES

Puede parecer extraño hablar de posiciones en la sección de intimidad espiritual, pero en los próximos días, quiero explorar cómo decidimos lo que está bien hacer y cómo podemos condimentar las cosas en el dormitorio sin comprometer la intimidad.

Uno de los problemas que tienen muchas parejas es que ven al sexo casi exclusivamente en términos físicos. El sexo se trata más de placer que de cercanía.

Creo que debería ser ambas cosas. Y, sin embargo, cuando las parejas discuten sus límites sexuales, a menudo entran en una zona de minas terrestres. Si olvidamos que el sexo se supone que es íntimo y no solo orgásmico, nos desviamos y abaratamos el sexo. Y si lo hacemos sobre los deseos de una persona, podemos quitarle la mutualidad del sexo y convertirlo en una fea obligación, lo que también cambia su naturaleza. Así que puse estos pocos desafíos en la sección de intimidad espiritual para recordarnos que cuando probamos cosas nuevas, debe ser para aumentar el cociente de diversión y sentirse más cerca, no para humillar a nadie o actuar egoístamente, y ciertamente no para coaccionar a nadie a algo con lo que se sienta incómodo. La coerción no tiene cabida en las relaciones saludables.

Dicho esto, explorar cosas nuevas, cuando se hace bien, teniendo en cuenta las preferencias de ambas personas, a menudo puede llevar a más pasión. Así que hablemos hoy de las posiciones.

He oído decir que la posición de hombre en la parte superior, mujer en la parte inferior se llama la «posición del misionero» porque los misioneros enseñaron que era la única posición «adecuada». ¡Pero ese es un mito que hace que los misioneros parezcan estirados! ¿Hay una posición «santa»? Y si hablamos de experimentar la intimidad espiritual y no solo física, ¿algunas posiciones están «mal» y otras «bien»?

Creo firmemente que cualquier forma en que dos adultos casados decidan tener relaciones sexuales vaginales está perfectamente bien. Solo están uniendo sus cuerpos, y no es como si solo la posición del misionero estuviera ordenada por Dios. De hecho, la posición ni siquiera se habla en la Biblia.

A menudo se piensa que la posición del misionero es «más santa» porque permite a la pareja besarse y mirarse a los ojos. Pero también lo hace la posición de la mujer arriba o la posición de hacer el amor mientras se está sentado (o incluso de pie). Así que ese argumento no se sostiene.

Creo que la razón de por qué la posición del misionero se considera «santa» es porque el sexo se considera a menudo como algo vergonzoso (especialmente para las mujeres). Cualquier posición que implique que una mujer sea activa se considera a menudo un poco equivocada (o incluso muy equivocada). Es algo indecoroso. Un hombre puede hacer el movimiento de empuje, porque se supone que los hombres deben sentir placer sexual. Pero que una mujer quiera moverse, puede significar que está disfrutando demasiado. ¡Por eso creo que la posición del misionero desarrolló la reputación de ser la posición «adecuada»!

¡Eso no significa que esté en contra, para nada! Para muchas mujeres es bastante placentero. Y es romántico. Sin embargo, tiene algunos inconvenientes. Es difícil si hay una gran diferencia de peso entre los dos o si ella está embarazada. Si está nerviosa, sentirse en control al estar arriba a menudo alivia el estrés. Y estimular el punto G es normalmente más fácil usando otras posiciones.

A menudo una pareja encontrará que una o dos posiciones tienden a ser las que más usan porque a ella le es más fácil alcanzar el clímax. Sin embargo, intentar y usar nuevas posiciones tiene otros beneficios además del orgasmo. Hace que el sexo sea más activo y menos rutinario. Requiere un poco de esfuerzo extra, lo que le dice a tu cónyuge, «*estoy emocionado de hacer el amor esta noche*». Incluso puede aumentar la intimidad porque le dice a tu cónyuge, «*realmente quiero explorarte y saber todo lo que pueda sobre cómo eres*». Intentar nuevas posiciones conduce a un nuevo nivel de vulnerabilidad, que también puede aumentar nuestra sensación de cercanía.

Una pareja que conozco usa la «Regla de 3»; no pueden hacer el amor en la misma posición más de tres veces seguidas. Deben cambiarla para que no se aburran. Si te resulta más fácil tener un orgasmo en una posición en particular, está bien. Solo usa las otras posiciones como juego previo.

Entonces, ¿qué es una nueva posición? Todas las posiciones son una variación de cuatro posiciones básicas, que giran en torno a dos factores:

- ¿Quién es el principal que se está moviendo?
- ¿Están cara a cara o no?

¡Varíen esos, y hay un número infinito de posiciones! Las tres primeras posiciones son: hombre arriba, mujer arriba, uno al lado del otro; la pareja que está cara a cara y se caracteriza por el que hace la mayor parte del movimiento (sea él, ella o ambos juntos, respectivamente). La última posición es la entrada trasera, se distingue porque están mirando en la misma dirección, con él entrando en la vagina de ella por detrás. Cada una de estas posiciones tienen tantas variaciones como la imaginación lo permita, pero aquí se presentan algunos consejos para empezar.

Hombre arriba

La «posición del misionero»: se acuestan juntos, él arriba, nariz con nariz, pecho con pecho.

Haz que se sienta genial: Inclina las caderas de ella hacia arriba. Usa una almohada si quieres, pero lo importante es activar los músculos de ella para aplicar presión al clítoris, no solo para levantar las caderas.

VARIACIONES

- Ella pone sus piernas sobre la espalda de él (o sus hombros, si puede) para permitir una penetración más profunda.
- Ella pone sus piernas entre las suyas para permitirle más control.
- Él se arrodilla o se queda parado mientras ella está acostada, para darle más fuerza para empujar.
- Ella se sienta sobre un objeto, como un mostrador o un escritorio, mientras él está de pie.
- ¡Y cualquier otro que se te ocurra!

(*Una advertencia:* Tengan mucho cuidado antes de intentarlo mientras él está de pie y ella contra la pared. *Nunca intenten una posición donde el peso de ella descanse sobre el pene, esto podría causar una fractura de pene. No importa la variación que se intente, asegúrense de que ella soporte su propio peso).*

Mujer arriba

Él se acuesta en la cama, y ella se sube en posición sentada. Esta posición le permite maniobrar más fácilmente para conseguir el mejor ángulo, pero también le da una gran visión y un acceso más fácil para tocar diferentes partes de ella.

Haz que se sienta genial: Permite que ella determine la profundidad del empuje, y que varíe el ángulo hasta que tenga el mayor contacto con su clítoris. Para las mujeres que están más nerviosas, o que se sienten más cómodas teniendo el control, esta suele ser la mejor posición.

VARIACIONES

- Ella puede acostarse contra él, similar a la posición del misionero, pero con ella encima. El empuje entonces tomará más energía (y probablemente quemará más calorías).
- Ella se sienta sobre él en lugar de arrodillarse, con los pies delante de ella en lugar de detrás. Esto permite una penetración más profunda.
- Él se sienta en una silla, y ella se sienta a horcajadas con él.

Lado a lado

Se acuestan, uno al lado del otro, y uno pone su pierna sobre la del otro. Para que esto funcione bien, ¡los dos tienen que moverse! Conseguir el ángulo correcto puede ser un poco complicado.

Haz que se sienta genial: Inclínate hacia atrás para cambiar un poco el ángulo.

VARIACIONES

- ¡Ponte en posición y muévete hasta que él esté arriba o ella esté arriba!
- Uno de ustedes también puede inclinarse hacia arriba, colocando el peso en sus brazos, para lograr un ángulo diferente.

Entrada trasera

Ella se arrodilla a cuatro patas en la cama. Él se arrodilla detrás de ella, mirando en la misma dirección. Esta posición es la más difícil de conseguir porque a veces hay que jugar con el ángulo para lograr la penetración. Esta no es una posición para intentar en tu luna de miel si eres virgen el día de tu boda. Primero, pónganse cómodos calzando juntos. Pero una vez que lo hacen, algunas parejas aseguran que esta posición es la más placentera.

Haz que se sienta genial: Él podría extenderse y poner un dedo o dos en su clítoris para aumentar la estimulación. Ella también podría variar el ángulo de su cuerpo para que el pene se encuentre con ella en diferentes ángulos. Algunas mujeres encuentran que esta es la mejor manera de encontrar el punto G. ¿Y cómo sabes cuándo lo encuentras? Él estará empujando, y de repente sentirás que estás a punto de tener un orgasmo, aunque no te hayas excitado mucho todavía.

VARIACIONES

- Acuéstense en la cama de costado, mirando en la misma dirección, con él detrás. La posición «cucharita» suele ser la más fácil de usar durante las últimas etapas del embarazo.

- Empieza con la mujer en la posición de arriba, pero luego hazla girar para que esté mirando hacia los pies de él. Esto le permite a él tocar los pechos fácilmente.
- Ella se arrodilla con la cabeza más baja contra la cama y las caderas más altas mientras él está de pie. Esto le da el mayor control (y debería hacerse lentamente, con ella marcando el ritmo).

Desafío del día 22 para el mejor sexo

Escoge al menos tres variaciones, ¡y pruébalas todas esta noche! Empieza con una y luego pasa a las otras. Después respóndanse las siguientes preguntas: ¿Te gustaría implementar algo como la «Regla de 3», donde usas diferentes posiciones? ¿Hay alguna posición que te guste más o que te resulte más placentera? Comparte eso con tu cónyuge.

Establece tus límites sexuales

En cualquier matrimonio, uno de los cónyuges se sentirá más aventurero en el dormitorio que el otro.

La semana pasada nos concentramos principalmente en cómo crear fuegos artificiales. Y esta semana abordamos cómo experimentar la intimidad espiritual y la unidad cuando hacemos el amor. Es bueno tener ambos como contexto para lo que vamos a hablar hoy.

¿Cómo decides lo que está bien hacer y lo que no? Veamos algunas reglas básicas que pueden ayudarnos.

Todo nuestro cuerpo es para el sexo

Se supone que el sexo es divertido. Dios hizo nuestros cuerpos para que se sintieran bien durante el sexo y no creó el sexo solo para que ciertas partes del cuerpo se sintieran bien. Como aprendimos en la semana que hablamos de los juegos previos, ¡cuantas más partes del cuerpo estén involucradas, mejor! Cuando lees Cantar de los Cantares, encuentras tributos a casi todos los atributos físicos. Se supone que debemos perdernos en el otro y disfrutar el uno del otro. Eso es parte de la celebración de tener intimidad y estar desnudos juntos.

El sexo es más que físico

Al mismo tiempo, el sexo es más que una simple conexión física. También es una conexión espiritual y emocional. Creo que una de las razones por la que los cristianos casados tienden a disfrutar más del sexo que los no casados es que sabemos que no se trata solo del acto físico. Cuando hacemos el amor, también expresamos nuestro compromiso con el otro y satisfacemos nuestra hambre de verdadera intimidad.

Como hemos cubierto, nuestra cultura no entiende que, porque la sociedad ha divorciado el sexo de la relación y el compromiso, todo lo que tienen es lo físico. Por eso nuestra cultura se ha vuelto cada vez más pornográfica. Cuando el físico es todo lo que tienes, eventualmente el físico se siente vacío. Para conseguir el mismo efecto, uno tiene que utilizar métodos cada vez más extremos (de la misma manera que un alcohólico necesita más alcohol para conseguir el mismo efecto). Eso va a impactar en nuestras propias ideas sobre la sexualidad. Si estas cosas extremas: los tríos, juguetes sexuales, mirar porno juntos, etc., son lo que se presenta como sexi, entonces eso atraerá a algunos de nosotros.

Mi advertencia es esta: aunque haya libertad en el lecho matrimonial, y aunque todo el cuerpo es bueno, si empiezas a ver el sexo en términos de cosas más arriesgadas y perversas, puedes disminuir tu capacidad de unirte realmente a tu cónyuge de forma íntima. Perderás la conexión espiritual. Procura siempre usar el sexo primero como una forma de decir te amo, y no solo como una forma de satisfacer fantasías egoístas.

Hay una gran libertad

Hay una gran libertad en el lecho matrimonial, y yo dudaría de pronunciar como pecaminoso cualquier cosa; por supuesto que no involucre a un tercero o fantasear específicamente con un tercero (como en la pornografía). Dicho esto, solo porque algo no sea pecaminoso no significa que sea bueno hacerlo. Como Pablo nos recuerda en 1 Corintios 6:12, «"Todo me está permitido", pero no todo es para mi bien».

Aunque los actos pueden no ser pecaminosos, el egoísmo lo es

Una advertencia más, y voy a usar el sexo oral como ejemplo. No creo que el sexo oral sea pecaminoso. Besar está bien, y la boca tiene más gérmenes que la mayoría de las otras partes del cuerpo, así que, si besas una boca, no creo que haya un gran problema con besar otras partes del cuerpo.

Sin embargo, hace poco recibí un correo electrónico de una mujer que decía que su marido exige que comiencen cada encuentro de esta manera, y a menudo lo hacen en lugar del coito. Prefiere que ella le practique sexo oral a cualquier placer físico compartido. Eso es puro y simple egoísmo.

No hay nada malo en «dar» durante un encuentro sexual en particular y concentrarse en uno de ustedes por un tiempo. Pero si eso se convierte en la mayor parte de su vida sexual juntos, hay un problema. Eso no es una verdadera intimidad, es ser egoísta. Tiene que parar. De manera similar, insistir en actos sexuales que degradan o humillan a tu cónyuge no realza la unidad, sino que la perjudica. Estás diciendo: «No te valoro como persona; quiero usarte». Eso es egoísta. Del mismo modo, insistir en un acto que puede causar dolor o daño físico no es solo egoísta; es coercitivo y cruel.

Déjenme decirles algo a los cónyuges más aventureros: es egoísta exigir algo que tu cónyuge no se siente realmente cómodo dando. Aunque no hay nada malo con el sexo oral, por ejemplo, si un cónyuge realmente no quiere hacerlo, entonces nunca, nunca debes presionarlo. ¿Por qué destruirías la confianza con alguien que amas? El lecho matrimonial está destinado a ser un lugar extremadamente seguro. Si lo conviertes en algo inseguro porque insistes en algo que tu cónyuge no quiere hacer, estás poniendo en peligro algo precioso.

Además, si no es realmente pecaminoso, o incluso tan extremo, es probable que descubras que, si pasas tiempo dando y ayudando a tu cónyuge a relajarse y a sentirse maravilloso en la cama, entonces estarás mucho más dispuesto, e incluso ansioso, a probar cosas nuevas.

Finalmente, una cosa más que quiero dejar absolutamente clara: nunca, nunca obligues a tu cónyuge a hacer algo que no quiera hacer. No solo puede ser egoísta, sino que también puede desviarse hacia lo ilegal. Forzar a tu cónyuge a hacer algo que no quiere hacer constituye una violación. Que estés casado no significa que no pueda suceder una violación. Y la fuerza no siempre significa fuerza física tampoco. Presionar a alguien reteniendo el afecto, el amor o el dinero si no cumple con tus demandas también elimina el consentimiento. Criticar, dar el tratamiento de silencio a menos que cumpla con tus demandas, o decirle a tu cónyuge que te verás obligado a mirar pornografía si no cumple con lo que pides, esto también elimina el consentimiento. Nunca obligues a tu cónyuge a hacer algo, ya sea mediante la fuerza física o la manipulación emocional o financiera. Y si sientes que tu cónyuge te está obligando, por favor busca ayuda a través de una línea telefónica de abuso.

Sé que esto es duro, pero hay que decirlo.

Atrévete

Ahora, después de esa gran advertencia, una palabra para el cónyuge que no es tan aventurero. Está bien decir que no a algunas cosas que realmente te resultan desagradables. Pero si no son pecaminosas o peligrosas, te animo a que te preguntes por qué crees que son desagradables. Puede que haya algunas maneras de incorporar algunas de estas ideas en su vida amorosa de forma no amenazante, y abordaré algunas de ellas en el próximo reto.

Algunos hombres disfrutan probando varias posiciones y siendo creativos en el dormitorio más a menudo que las mujeres (aunque hay excepciones). Esto es lógico. Las mujeres son mucho más vulnerables físicamente en el sexo. Cambiar de posición puede ser difícil de acostumbrarse. Algunas posiciones pueden hacernos sentir más vulnerables, y otras pueden ser incluso incómodas. Una vez que encontramos una posición que nos funciona en un ángulo que nos hace sentir bien, a menudo estaremos menos dispuestos a probar otras.

Está bien decir que no a algunas ideas. ¡Pero atrévete a hacer que lo que haces sea absolutamente asombroso para tu cónyuge! Si haces eso y haces el amor con frecuencia, es probable que descubras que probar algunas de las otras sugerencias de tu cónyuge no será muy problemático en tu matrimonio.

Desafío del día 23 para el mejor sexo

¡El desafío de hoy tiene tres partes!

Parte 1: Sentir todo el cuerpo del otro. Que uno de ustedes comience en un pie, y vaya subiendo por un lado del cuerpo de su cónyuge, tocando y lamiendo o apretando o lo que quieran, hasta la parte superior de la cabeza, y luego ir bajando por el otro lado del cuerpo. ¡Entonces cambia de papel!

Parte 2: Una vez que lo hayas hecho, ten una charla honesta sobre algunas de las cosas que te gustaría probar, que tienes miedo de intentar, o que ya has hecho pero que en verdad no te han gustado. Algunas parejas encuentran más fácil hablar de esto con las luces apagadas para no verse las caras, o mientras se acurrucan para no estar frente a frente.

Parte 3: Al final, afírmense el uno al otro cuánto se aman y aprecian en todo lo que hacen en la habitación. ¡Esa conexión espiritual es siempre lo más importante!

7 MANERAS DE CONDIMENTAR LAS COSAS

Durante los últimos dos días, hemos estado hablando de extender los límites de lo que hacemos durante el sexo y cómo negociamos esos límites. Hoy quiero convertir esto en un desafío más práctico al estilo «bufet», y buscar diferentes maneras de ser más aventureros en su matrimonio sin dejar de sentirse cómodos.

Recuerda las directrices que establecimos ayer: nadie debe ser presionado para hacer algo que le resulte incómodo o que le parezca pecaminoso o peligroso. ¡Nunca vale la pena poner en peligro la seguridad del lecho matrimonial forzando a tu cónyuge a que haga algo!

Habiendo dicho esto, muchas veces dudamos en extender nuestros límites porque:

1. Estamos un poco asustados de lo nuevo.
2. Creemos que no podemos hacerlo bien.
3. Tenemos vergüenza.
4. Tenemos temor de que, si intentamos algo nuevo, nuestro cónyuge lo querrá todo el tiempo.
5. No creemos que sea pecaminoso ni que esté mal. Pero no nos gusta.

Hoy solo hablaré con las personas en una de esas cinco categorías. No le estoy hablando a alguien que diga «no» porque tenga reservas sobre algo moral, esté total y completamente asqueado, o tenga recuerdos pasados de abuso sexual. Si eso te describe a ti, está perfectamente bien decir que no. Pero vuelvo a decirlo, asegúrate de no decir que algo está moralmente mal solo porque no es la «posición del misionero». A veces somos demasiado rápidos para etiquetar las cosas como moralmente incorrectas (aunque, por supuesto, algunas cosas, como la pornografía, definitivamente lo son).

Aquí hay algunas ideas para ayudarte a ser más aventurero, sin violar tu sentido del decoro.

Dar «cupones de amor»

A menudo titubeamos sexualmente porque nos preguntamos: «¿De verdad quiero hacer esto? ¿Será muy salvaje para mí?». También podemos dudar en hacer algunas cosas que realmente queremos hacer porque somos tímidos y nos sentimos incómodos. Estamos tan atrapados en el análisis del escenario que no somos capaces de tomar una decisión. Enviarle a tu cónyuge un «cupón» que diga: «Esta noche te pertenezco por una hora» o «Todo lo que quieras es tuyo esta noche» puede ayudar a evitar esa incomodidad.

Nada de esto, sin embargo, reemplaza el consentimiento. Si vas a probar cosas nuevas, establece una contraseña, como _tío_, que puedas decir cuando sientas que es demasiado. Incluso si das cupones, aún conservas autonomía y puedes decir que no.

Establezcan noches para él y noches para ella

Haz una noche al mes para él, en la que atiendas sus necesidades. Entonces una noche al mes puede ser para ella, donde haces lo que ella quiere como empezar con un largo masaje de espalda y hacerlo muy suavemente. ¡De esta manera cada uno de ustedes siente que sus necesidades están siendo satisfechas, y ambos se esfuerzan por hacer que la noche de la otra persona sea divertida porque saben que será correspondida!

Anota las fantasías

Ambos anoten doce fantasías sexuales. No le muestres a tu cónyuge lo que hay en tu hoja de papel. Rompe o corta la lista, dobla los papelitos y ponlos en un frasco. Durante el próximo año, escoge una noche al mes en la que ella hará un reto y una noche en la que él lo hará. Entonces, en esas noches, saca un papel del tarro y haz lo que dice. De nuevo, las reglas sobre decir «tío» siguen vigentes; nunca *tienes* que hacer algo desagradable. Pero si cada uno de ustedes tiene deseos en el frasco, y saben que esto es sobre dar y recibir, entonces tu cónyuge puede sentir que estás haciendo un gran esfuerzo para satisfacer sus necesidades sin sentirte que tienes que hacerlo todas las noches.

Juega a Coincide con los dados

Consigue dos dados de diferentes colores, y escribe en una hoja de papel lo que significa cada dado.

Acciones para el primer dado

Escoge seis acciones, como besar, acariciar, lamer, frotar, un movimiento, chupar, y asígnalas a los seis lados del dado.

Segundo color: partes del cuerpo

Asigna a los seis lados del segundo dado seis partes del cuerpo, como la boca, los dedos, las orejas, los dedos de los pies, los genitales, los senos.

¡Túrnense para lanzar los dados, y hagan cualquier combinación que aparezca! Puedes hacer el juego tan aventurero o tranquilo como quieran, variando las acciones o las partes del cuerpo. Asegúrate de dar suficiente tiempo, al menos un minuto, para cada tarea.

Juega a Coincide con una actividad

Como variación del juego Coincide con los dados, en lugar de emparejar una acción con una parte del cuerpo, asigna una actividad específica a cada número en el dado (puedes hacer seis o doce o algún punto intermedio, dependiendo de la cantidad de actividades que deseen utilizar). Cada uno asigne actividades a tres números en los dados: cosas que los enloquezcan (o si quieren usar un dado de ocho o doce caras, ¡cada uno tiene más opciones!). Pueden ser cosas suaves, como besar profundamente o soplar, provocar, chuparle la oreja, o algo más aventurero, como mirarla a ella cómo se frota loción en los pechos, realizar el sexo oral o usar una posición sexual específica. Entonces usa una aplicación de temporizador de tu móvil, tira el dado, y tómense turnos para hacer cada actividad durante dos minutos. Este continuo empezar y parar retrasa el orgasmo, así que cuando finalmente ocurre, es mucho más intenso.

A veces, lo que queremos hacernos el uno con el otro puede ampliar nuestros límites un poco. Así que escriban sus listas, con algunas extras, y luego lean sus listas juntos. Puedes vetar las que te resulten muy incómodas, pero intenta mantener al menos una que te estire. Probar la acción durante un máximo de dos minutos hace que sea menos intimidante y que tu cónyuge se sienta amado porque estás dispuesto a probar algo nuevo.

Juego Elige una posición

¡Aquí hay otra idea que involucra un dado y un temporizador!

Cada uno anota sus tres posiciones favoritas, y luego les asignan los números del dado. Si cada uno elige la misma posición, pueden añadirle variaciones (como sentarse o pararse, o en una silla, o con las piernas arriba o abajo). Luego tiran el dado, y hacen lo que diga durante dos minutos. Pon el temporizador por dos minutos otra vez, y tira el dado nuevamente.

Por cierto, esto a menudo ayuda a los hombres a durar un poco más porque la estimulación se inicia y se detiene, lo que puede ayudar a prolongar la experiencia.

Crear una experiencia multisensorial

Tenemos cinco sentidos: vista, oído, tacto, gusto y olfato. Escriban cada uno de los sentidos en un papel y póngalos en un frasco. Alternen las noches, y en tu noche, escoge tres pedazos de papel y crea una experiencia sexual que use esos tres sentidos.

A menudo usamos solo un sentido: el tacto. Hacemos el amor con las luces apagadas, no decimos mucho, y ni siquiera sentimos el sabor. ¡Así que busca una forma de activar los otros sentidos! Para la vista, ella puede ponerse algo bonito para ir a la cama. ¡Para el gusto, usa un bálsamo labial de sabor, o dale un poco de chocolate! Para escuchar, dile tu recuerdo sexual favorito que has compartido. Para oler, puedes poner perfume en algún lugar y pedirle a él que lo encuentre. ¡Sé creativa!

Desafíate a ti misma para que se te ocurran ideas para cada sentido cuando sea tu noche, para que siempre cambies un poco las cosas.

¡Ahí lo tienes! Siete maneras de ser más aventurera en tu vida sexual mientras te sientes cómoda. Si tomas medidas regularmente para condimentar las cosas y hacer el amor con relativa frecuencia, tu cónyuge sentirá que tu vida sexual es excitante. Que es precisamente lo que quieres para ambos.

Desafío del día 24 para el mejor sexo

¡Escoge una idea y hazlo! Si te sientes incómoda, empieza con el juego básico de los dados, y quita las opciones con las que te sientas incómoda y reemplázalas por ideas un poco más mansas. A veces, el simple hecho de desafiarnos a nosotras mismas para intentar algo, cualquier cosa, nos ayudará a ver que el sexo puede ser una celebración divertida que compartimos el uno con el otro.

Si te diviertes mucho con este desafío, siéntete libre de hacerlo durar varios días. Elige una opción una noche, y luego prueba otra opción la noche siguiente. ¡Enjabona, enjuaga, repite! Pasen al siguiente desafío cuando estén listos.

Atención: el desafío de mañana es más fácil de hacer durante el día. Así que o leemos el desafío juntos por la mañana, o nos comprometemos a hacer el desafío juntos al día siguiente.

HACERLO RÁPIDO PUEDE SER DIVERTIDO

¡No hay nada malo en un rapidito!

Hemos hablado de cómo condimentar las cosas en la cama probando diferentes posiciones o yendo más allá de nuestras zonas de confort. Pero hay otra manera de condimentar las cosas, y es un «rapidito». Un interludio sexual en el que el objetivo suele ser que uno de ustedes llegue al clímax lo más rápido posible.

Ahora, sé que he estado argumentando que el sexo debería ser maravilloso para ambos y que debería conectarnos a nivel físico, emocional y espiritual. ¿Cómo encaja un rapidito con eso? ¿No suena como lo opuesto?

No lo creo. Aunque creo que la suma total de la relación debe ser una en la que ambos experimenten un inmenso placer sexual y en la que ambos se conecten a un nivel profundo, no todos los encuentros tienen que ser así. Tener un encuentro en el que solo te ríes y es casi como un juego puede conectarte de una manera profunda también, porque aprender a jugar con los demás es un componente clave para sentirse cercano.

Entonces, ¿por qué un rapidito? Después de todo, si las mujeres necesitamos juegos previos para sentirnos bien, entonces los rapiditos no van a hacer mucho por nosotras, ¿verdad? Aquí hay algunos beneficios.

Te ríes

Si alguna vez has corrido arriba mientras los niños están frente a un video, sabiendo que tienes muy poco tiempo, es divertido. Luego terminas, vuelves abajo y haces como si nada hubiera pasado. Es como si ambos compartieran un pequeño secreto.

Agregas variedad

A veces es bueno hacer las cosas de manera diferente. Demuestra a ambos que se preocupan por la relación y que quieren que siga siendo divertida. Si el rapidito es para darle un orgasmo a ella a través del sexo oral o la estimulación manual, ella sale de la rutina de que «el sexo es para él» en la que a menudo puede entrar, y él demuestra que también valora los actos de «juego previo».

Ella ve cuánto él la desea

Esposas, ¿se sienten inseguras de sus cuerpos? ¿Sientes que no eres atractiva? Un rapidito donde el coito para él es el evento principal es a menudo la cura. La mayoría de los hombres (con suerte) se esfuerzan mucho por durar porque quieren que tú también te diviertas. Pero dile que lo haga tan rápido como pueda porque tienes que ganarle al reloj o el vídeo o la siesta del bebé o lo que sea, y de repente verás cuánto realmente te quiere y te desea. Puede ser un gran impulso al ego, y ese impulso del ego es también un afrodisíaco ya que una gran parte de la libido femenino es sentirse deseada.

Ella aumenta su libido mientras que calma la de él

Si a menudo él no puede durar lo suficiente durante el coito para que ella obtenga una verdadera satisfacción, ¡los rapiditos pueden ayudar! Si haces un rapidito al principio del día, él satisface la acumulación física que siente. Pero ella rara vez lo hace (algunas mujeres, por supuesto, encuentran los rapiditos satisfactorios, pero es la minoría). En lugar de eso, comienza a cargar su libido. Entonces, la próxima vez que hagan el amor, es más probable que él dure más tiempo, y es más probable que ella no tarde tanto.

Tú bajas el estrés de él

Debido a que muchos hombres se preocupan de que sus esposas reciban placer, a menudo no consiguen relajarse durante un encuentro. Los rapiditos les permiten centrarse en el placer, que puede ser muy intenso.

Tú bajas el estrés de ella

Los hombres no son los únicos nerviosos para que la mujer reciba placer. Las mujeres a menudo también nos ponemos muy nerviosas, especialmente si estamos tratando de sentir un orgasmo. Quita la presión «dándole un regalo». Y un rapidito puede aumentar la confianza de ella, especialmente si se siente excitada sin esperar sentir mucho.

Entonces, ¿cómo funciona mejor un rapidito?

Toma cinco minutos, en cualquier momento. Si él está estresado por el trabajo hoy, intenta un rapidito justo antes de que se vaya por la mañana. O tal vez justo cuando llega a casa. O justo antes de que salgan a una cita por la noche. O si ha tenido un día difícil, ¡puedes levantarle la falda y darle una fiesta!

Tengan lubricante a mano. Los rapiditos no son divertidos si no estás lubricada, ¡así que ten un poco de lubricante a mano!

Solo sigue la corriente. No te preocupes por hacerlo bien. ¡Solo ríete en medio de todo! Te sentirás emocionalmente más cerca porque has compartido la experiencia. Y ambos se sentirán deseados.

Desafío del día 25 para el mejor sexo

Para ella: ¡En algún momento de la próxima semana, agárralo y llévalo arriba! Este desafío puede ser difícil de hacer de inmediato si lo leen juntos por la noche, así que guarda este desafío hasta que puedas hacerlo espontáneamente a primera hora de la mañana, durante el día, o por la noche cuando los niños estén en la cama, pero antes de que te acuestes. Siéntete libre de pasar al siguiente desafío mañana por la noche, pero intenta incluirlo pronto en tu agenda.

Para él: Si tu esposa tiene un orgasmo fácil a través del sexo oral o la estimulación manual, entonces planea un rapidito para ella también. Recuerda que es más probable que sea divertido para ella si no la tomas cuando está preocupada por los niños o por otra responsabilidad que tenga. Y si el orgasmo no es algo natural para ella todavía, entonces ten en cuenta este desafío para un tiempo en tu matrimonio cuando esto suceda con más regularidad.

Por qué tienes que iniciar

Lo que importa en un matrimonio no es tanto la frecuencia del sexo, aunque esto es importante, sino el entusiasmo y la pasión. Tu cónyuge necesita sentir que realmente deseas y quieres sexo, y no solo que estás dispuesta a realizar los movimientos.

Muchas mujeres (y voy a hablar de mujeres aquí porque lo contrario no es del todo cierto, ya que los hombres no pueden hacerlo si no están interesados) se quejan de que cuando empiezan a «dejarle» hacer el amor con más frecuencia, se pone aún más exigente. Así que se rinden. Piensan: «Nunca lo voy a satisfacer, así que, ¿para qué molestarme?». Pero el problema puede ser que no hayas satisfecho su necesidad básica de sentirse deseado. De hecho, si te quedas acostada y no participas mucho, refuerzas la idea de que no disfrutas del sexo. Eso hará que quiera desesperadamente asegurarse de que lo deseas, así que tendrá *más* urgencia en cuanto a querer sexo. Los comentaristas masculinos de mi blog me dicen repetidamente que su gran deseo no es solo tener sexo. Es para sentir que sus esposas los quieren. El «sexo por deber» los deja insatisfechos.

Las esposas con mayor libido también comparten esta necesidad y desesperación básica. Necesitan sentirse deseadas, y tener que siempre estar persiguiendo a su esposo puede ser humillante.

En este punto, los cónyuges con baja libido podrían estar al punto de rendirse. *¿No es suficiente que tenga sexo? ¿Realmente tengo que quererlo? ¿Cómo puedo forzarme a pensar en ello espontáneamente y quererlo?*

Permíteme darte una idea: ¡Inícialo! En serio. Tú serás la que le da un gran beso a tu cónyuge y dice: «Vámonos para arriba». Tú serás la que empezará todo el proceso, en lugar de esperar para ver si tu cónyuge «va a querer hacerlo esta noche». Tal vez te preguntes: «¿Y yo qué gano de todo esto?». Aquí verás algunos de los beneficios.

Tienes más control sobre lo que haces

Hablamos antes de lo importante que son el ángulo y el juego previo para las mujeres. Damas, si son las que inician, pueden tener más cuidado de conseguir la posición correcta y la atención que necesitan. Además, si te sientes incómoda con ciertas partes del sexo (o incluso incómoda con ciertas partes de tu cuerpo), entonces puedes dirigir ese momento en la dirección que te sea más cómoda a ti.

Te metes enteramente en el asunto

Al iniciar, estarás automáticamente más activa. No quedarás acostada esperando que tu cónyuge haga algo. Tú eres la que toca. Tú eres la que besa apasionadamente. Tú eres la que se desviste. Como puedes dirigir la acción en la dirección más emocionante para ti, también piensas más positivamente en lo que está pasando, porque sabes que lo que es placentero para ti está por llegar. Cuando estás más activa, tu cerebro también está más ocupado, y eso significa que tu cuerpo seguirá mucho más fácilmente.

Tú creas un círculo de buena voluntad

Cuando inicias, le muestras a tu cónyuge que lo amas y lo deseas. Eso hace que tu cónyuge se sienta mejor contigo y con la relación y hace que ambos se sientan más cercanos el uno al otro.

En un matrimonio, si una persona hace toda la iniciación, esa persona, ya sea hombre o mujer, sentirá como si el otro cónyuge no deseara ese tipo de intimidad. Es una sensación de soledad.

Si sabes que esta noche probablemente harás el amor de todos modos, ¿por qué no hacer el esfuerzo adicional de ser la que lo sugiera, o tratar de seducir a tu cónyuge? Cuando la relación es una calle de dos sentidos, cada uno se siente deseado, amado, y cercano al otro. Cuando uno siempre está pidiendo, es humillante. Te sientes como si estuvieras constantemente rogando.

En las parejas sanas, los dos inician. Así que, si eres el cónyuge con la menor libido, decide que tomarás las riendas más a menudo empezando ahora.

Desafío del día 26 para el mejor sexo

Sin mostrarle a tu cónyuge, escribe cuántas veces, de cada diez, tú inicias, y cuántas veces crees que tu cónyuge inicia, y cuántas es mutuo. Luego comparen las notas. ¿Estás de acuerdo? ¿Uno de ustedes inicia más que el otro? Hablen entre ustedes cómo te hace sentir eso. Luego pregúntense: «¿Cuál sería una buena forma de iniciar? ¿Qué sería divertido para ti?» ¡Vean cuántas ideas se le ocurre a cada uno! Y ahora, para el cónyuge con el menor deseo: ¡escoge uno y hazlo!

Mantiene el impulso en marcha!

Haz del sexo una prioridad

Hemos visto cómo divertirnos más juntos, cómo ver el sexo de forma más positiva, cómo hacer que el sexo se sienta increíble y cómo sentirse verdaderamente íntimo. ¡Espero que a estas alturas del desafío hayan experimentado algunos avances!

Sin embargo, si quieres mantener el impulso y seguir avanzando, entonces necesitas establecer un sistema para que una vez que este desafío de 31 días termine, y no tengas algo que te lleve a mejorar en tu vida sexual regularmente, tu intimidad siga siendo una prioridad. Estos últimos desafíos se centrarán en cómo mantener estos cambios vivos en su matrimonio.

Cuando hice las encuestas para *The Good Girl's Guide to Great Sex*, encontré que más del cuarenta por ciento de las mujeres reportaron tener relaciones sexuales menos de una vez a la semana. Al analizar los números, resultó que el cónyuge de la mayor libido (ya sea la esposa o el esposo) no estaba muy contento con esto.

La frecuencia es siempre una pregunta difícil cuando se trata de sexo porque cada matrimonio tiene algunas diferencias de la libido. Entonces, ¿con qué frecuencia es suficiente? Si me obligaran a elegir un número, diría que al menos dos veces por semana. Pero para algunas parejas, especialmente cuando son más jóvenes, hacerlo más seguido probablemente sería más saludable. Y las parejas más felices que encontré fueron las que hacían el amor tres o cuatro veces a la semana. Conectar eso a menudo tiene repercusiones en cómo se sienten el uno con el otro.

Tal vez deberíamos dejar de preguntar: «¿Cuánto sería lo mínimo que debería hacer?» y empezar a preguntar: «¿Cómo puedo hacer que el sexo sea una mejor parte de nuestras vidas?». Después de todo, si Dios hizo el sexo para que sea maravilloso, ¿por qué querríamos perdernos eso?

A menudo la razón por la que no lo disfrutamos como deberíamos no es porque no queramos sexo, sino simplemente porque otras cosas se interponen en el camino. Así que hoy me gustaría usar algunos principios de la economía para ayudarnos a encontrar una solución a este problema de frecuencia. Tal vez sea porque terminé cursando Los Fundamentos de la Economía tres veces en mi vida: en la escuela secundaria, en cursos de pregrado y en los cursos de posgrado; pero tenía la demanda y la oferta tan metida en mí que a menudo pienso en esos términos. ¡Creo que podemos aplicar estos conceptos a la frecuencia con la que el sexo también ocurre! Intentémoslo.

La economía básica nos dice que el «precio» de una cosa es determinado donde la demanda se cruza con la oferta. La demanda de algo tiende a aumentar cuando el precio cae, mientras que la oferta tiende a disminuir cuando el precio cae.

¿Pero qué determina la cantidad de producto que se suministrará en cada punto? El costo de los insumos. Así que, si estuvieras fabricando helado, por ejemplo, y el precio de la leche bajara, entonces la línea de suministro se desplazaría, y el precio del helado disminuiría.

En este gráfico que hará temblar a cualquiera que haya estudiado Los Fundamentos de la Economía, se puede ver que la demanda y la oferta se encuentran once veces por mes. Pero ¿qué sucede cuando el costo de un insumo disminuye? De repente se suministrará más a cada punto de precio, y ¡bingo! Ahora tendrás sexo trece veces al mes.

Esto puede parecer complicado, pero espero que entiendas la ilustración: cuando los insumos son más caros, vas a obtener menos de algo porque la gente no comprará tanto al precio más alto. Por eso, si el gobierno quiere que compres menos de algo (como el tabaco), lo

Una forma económica de ver el sexo

En "Equilibrio"

Precio del Sexo — Suministro de sexo — Demanda de Sexo

0 3 5 7 9 11 13 15 17 19
Veces que tienes sexo por mes

A medida que baja el costo de entrada

Precio del Sexo — Suministro de sexo — Demanda de Sexo

0 3 5 7 9 11 13 15 17 19
Veces que tienes sexo por mes

gravan con impuestos, pero si quieren que compres más de algo (como la caridad), te dan una deducción de impuestos.

Entonces, ¿qué significa eso para ti?

Significa que, si el costo del sexo es muy alto, tendrás menos sexo.

¡Si queremos tener buen sexo en el matrimonio, tenemos que mantener bajo el costo de los insumos!

Desafío del día 27 para el mejor sexo

El desafío de hoy va a ser un poco diferente. Voy a enumerar una serie de «insumos» en el sexo, y luego los dos, por separado, calificarán el costo de esos insumos, siendo 1 súper barato (como en *Estoy de acuerdo con la afirmación, y este factor no nos impide hacer el amor más frecuentemente»*), y 5 muy caro (como en *La afirmación no es cierta para mí, y esto es realmente disuasivo para el sexo»*).

1. TENEMOS UN LUGAR PARA HACER EL AMOR.

Nuestro dormitorio está libre de desorden y libre de niños. Cuando entramos en el dormitorio, nos sentimos en paz y en calma. La cama está libre de otras cosas, y la cama en sí es acogedora.

| 1 | 2 | 3 | 4 | 5 |

2. TENEMOS TIEMPO PARA HACER EL AMOR.

A menudo estamos juntos en el lugar donde hacer el amor tomaría lugar de forma natural (¡como el dormitorio!), especialmente en el momento en el que normalmente haríamos el amor.

1	2	3	4	5

3. TENGO ENERGÍA FÍSICA.

Cuando estamos juntos y podemos hacer el amor, me siento con energía. Nos vamos a la cama antes de que me agote, y al mismo tiempo.

1	2	3	4	5

4. ME SIENTO FÍSICAMENTE BIEN.

Me siento físicamente capaz de hacer el amor sin impedimentos. No me agobia el dolor crónico, las migrañas, las náuseas u otras dolencias.

1	2	3	4	5

5. ME SIENTO EMOCIONALMENTE REPUESTO.

Cuando llega la noche, me siento repuesto. Tengo tiempo para satisfacer mis necesidades de soledad y reflexión y de sentido durante el día para que podamos estar juntos por la noche.

1	2	3	4	5

6. ME SIENTO MENTALMENTE TRANQUILO.

Tiendo a sentirme en paz y tranquilo. Soy capaz de dejar de lado las exigencias del trabajo, la gestión del hogar o los problemas familiares para que podamos estar juntos.

1	2	3	4	5

7. Me siento bien con mi cuerpo.

Estoy cómoda conmigo misma. Aunque no creo que mi cuerpo sea perfecto, disfruto de mi cuerpo, y no me importa mostrárselo a mi cónyuge.

1	2	3	4	5

8. Me siento emocionalmente cercano.

Me siento cerca de mi cónyuge. Siento que compartimos la vida juntos, que somos compañeros, y que hacemos muchas cosas divertidas juntos. Realmente siento que somos los mejores amigos.

1	2	3	4	5

9. Confío en mi cónyuge.

Puedo confiar en que mi cónyuge piensa en mí como su único objeto de deseo. Puedo confiar en que mi cónyuge no usa pornografía ni está pensando en otras personas.

1	2	3	4	5

10. Disfruto del aroma de mi cónyuge.

Disfruto de cómo huele mi cónyuge. Siento que mi cónyuge tiene una buena higiene.

1	2	3	4	5

11. El sexo puede ser libre de estrés.

Las repercusiones del sexo no me asustan. Confío en nuestros métodos anticonceptivos, y no tengo miedo de quedar o no embarazada.

1	2	3	4	5

12. El sexo no es desarreglado.

No me preocupa el desorden del sexo. Cuando tenemos sexo, puedo fácilmente dormirme después con un mínimo de fastidio (después de ir al baño, por ejemplo). No siento la necesidad de cambiar las sábanas o darme una ducha.

1	2	3	4	5

13. Espero con ansias pasar un buen rato.

Cuando sé que vamos a tener sexo, confío en que voy a tener un orgasmo y me siento bien.

1	2	3	4	5

14. No me preocupa el dolor o que las cosas vayan mal.

Cuando hacemos el amor, no me preocupa sentir dolor, y no me preocupa que uno de nosotros no sea capaz de funcionar sexualmente.

1	2	3	4	5

Una vez que hayan clasificado estas declaraciones por separado, saquen sus respuestas y compárenlas. Echen un vistazo a las dos respuestas que ella calificó como más costosas, y las dos que él hizo (o, si calificó más de dos como muy costosas, decidan las dos más importantes). Hagan un plan para «reducir» el costo de este insumo. Tal vez signifique volver y rehacer algunos de los ejercicios. Tal vez signifique ir a la cama a la misma hora o encontrar maneras de desestresarse durante el día. Tal vez signifique ver a un médico o a un fisioterapeuta.

Una vez que hayas hecho un plan, habla de cómo puedes priorizar más el sexo. En los próximos días, veremos con más detalle cómo lidiar con algunos de los obstáculos más comunes para tener sexo con más frecuencia. Sin embargo, ¡puedes empezar esas conversaciones esta noche! Hablen sobre qué frecuencia es razonable, teniendo en cuenta sus horarios de trabajo, sus hijos y su etapa en la vida, y luego decidan qué medidas prácticas pueden tomar para que sea más fácil de lograr, ¡incluso si tienen que programar el sexo!

¿Programar el sexo es para ti?

LAS VENTAJAS DE PROGRAMAR EL SEXO
Haz del sexo una prioridad

Afrontémoslo: a menudo no hacemos el amor porque es lo último en nuestra lista de cosas por hacer. *Si* los platos están lavados y *si* los niños se van a la cama a una hora apropiada y *si* mis correos electrónicos están todos contestados y *si* me siento al cien por cien y *si* no estoy enfadada con mi cónyuge y *si* no tengo que levantarme temprano, entonces cuando pongo mi cabeza sobre la almohada a las once, podría considerar tener sexo.

¡Aquí hay muchas cosas obrando contra el sexo!

Así que el sexo suele quedar en un segundo plano, pese a su importancia en ayudar a que un matrimonio siga siendo íntimo y divertido y nos haga sentir vigorizados en la vida y nuestra relación.

Si lo programas y decides que todos los miércoles y sábados tendrás sexo, entonces sabes que te conectarás. Y sabes que volverás a sentir la intimidad. En la mayoría de los matrimonios el sexo no es tan frecuente como debería ser; ¡aquí presento una forma de superarlo!

Te recuerda que debes poner tu cabeza en el juego

Para las mujeres, gran parte de nuestro impulso sexual está en nuestras cabezas. Cuando nuestras cabezas están en el juego, nuestros cuerpos a menudo nos siguen. Pero es difícil meterse en el juego si solo sigues tu rutina regular con los niños, tu trabajo o las tareas de la casa. Pero si sabes que te vas a divertir esta noche, puedes pensar más positivamente sobre ello. Puedes coquetear más con tu esposo, enviarle textos secretos, o incluso recordarte a ti misma la última vez que tuvieron intimidad.

Para todos los cónyuges de baja libido, programar el sexo elimina la tensión de la pregunta: «¿Tendré ganas esta noche?», que a menudo nos tortura. Sabes que lo harás esta noche, así que no tienes que pensar si estarás de humor. Sino que decides pensar positivamente en el sexo y te preparas para dar el zambullón.

Estarás más predispuesta a cuidar de ti misma

¡Si tomas el hábito de hacer el amor unas cuantas veces a la semana, se hará evidente que necesitas dormir lo suficiente! Es más probable que empieces a tratar mejor a tu cuerpo y a dormir más, porque quieres disfrutar de lo que te espera. Las mujeres pueden incluso afeitarse las piernas con más frecuencia o rociarse con algún perfume, y ambos pueden ducharse más a menudo y escoger el pijama sin agujeros.

LAS DESVENTAJAS DE PROGRAMAR EL SEXO
El sexo obligado no es sexi

Una de las razones por las que con regularidad nos preguntamos: «¿Tendré ganas esta noche?», es porque cuando no tenemos ganas, el sexo puede parecer una imposición. Si aceptas programar el sexo, y luego llega la noche y no tienes ganas, puedes terminar resentida por el sexo, y tu cónyuge, aún más.

Programar el sexo solo funciona si estás dispuesta a decirte cosas positivas sobre el sexo. Cuando programas el sexo, no solo te comprometes a tener sexo, sino también a tener una buena actitud y ser entusiasta al respecto. Si programas el sexo pensando: «Bueno, al menos solo me fastidiará los miércoles y sábados y no los otros días», probablemente no te resulte bien a ti, y no estás siendo justa con tu cónyuge o contigo misma. Tu problema es más grande que la frecuencia con la que tienes sexo.

Aunque programar el sexo no depende de las buenas actitudes, tampoco elimina el derecho del cónyuge a decir: «Esta noche no». Si te sientes enferma, si estás triste, o si estás abrumada por el trabajo, a veces tienes que dejarlo para otro día. Si programar las relaciones sexuales hace que uno de ustedes sienta que su consentimiento no importa (y por lo tanto tú no importas), puede hacer que las relaciones sexuales se sientan aún peor.

La espontaneidad puede sufrir

Una de las cosas maravillosas de hacer el amor con mi marido es que a veces no lo planeamos. Nos metemos en la cama, y ambos estamos cansados, y nos abrazamos un poco y hablamos. Y en el proceso, algo sucede.

Si empiezas a programar el sexo, puedes limitar esos momentos. También es importante sentir que tu cónyuge te desea y que no solo quiere consolarte. Si eliminas esos momentos cuando están el uno al otro porque así debe ser, tu cónyuge puede sentir que no es algo que quieres hacer; solo algo que te sientes obligada a hacer.

PONGÁMOSLO TODO JUNTO

Para muchos cónyuges de baja libido que tienen dificultades para motivarse con el sexo, programar el sexo puede ser una idea genial. Y aquí está lo genial: una vez que haces el amor con relativa frecuencia, lo anhelas. Empiezas a disfrutarlo. ¡Y entonces puede convertirse en algo más frecuente por sí mismo! Verás la diferencia que puede hacer la intimidad regular en tu relación.

¡Permíteme darte algunas advertencias!

Piensa tener un programa como algo mínimo, no lo máximo

Si decides programar el sexo el miércoles y el sábado y te sientes un poco juguetona el lunes, ¡haz algo el lunes! No «apagues» esos deseos porque no estaban programados. Siéntete libre de explorarlos. La programación del sexo no debe eliminar la espontaneidad; solo debe asegurar que se conecten regularmente, como mínimo.

Decide entrar de todo corazón

Si decides programar el sexo, empéñate para poner todo en ello. Haz que esas noches sean las mejores. ¡Planea cosas divertidas! Coquetea. Pones esfuerzo en otras partes de tu vida; ponlo aquí también.

Si te esfuerzas en planear actividades divertidas, entonces programar el sexo podría dar a tu matrimonio el impulso que necesita. Pero programar un horario nunca puede compensar la falta de entusiasmo o de sentir «al menos ya estoy libre del compromiso». ¡Entra con la actitud correcta, y verás el beneficio duradero para tu vida sexual y toda tu relación!

Los adultos también necesitan horarios para ir a la cama

En la mayoría de los hogares de hoy, después de la cena, varios miembros de la familia se apartan a su propia pantalla, ya sea la computadora, el televisor o el sistema de videojuegos. Puede que ella esté en su iPad, y él jugando. Eventualmente uno de los dos se cansa y se va a la cama, pero otro no va por varias horas.

¡Y nos preguntamos por qué nos sentimos desconectados!

¿Cómo vas a mantener un matrimonio vivo por la noche si cada uno va por su lado? ¿Cómo puedes cultivar tu matrimonio si no tienes tiempo libre para conversar? Por supuesto que si no van a la cama juntos al mismo tiempo va a ser difícil conectar sexualmente. Y conectar en lo absoluto.

A medida que van trabajando con estos desafíos, es de esperar que hayan probado cosas nuevas, se hayan divertido y hayan tenido buenas conversaciones. Y que se sientan más cercanos e íntimos. Pero va a ser difícil mantener ese impulso si vuelven a caer en los viejos patrones de no estar juntos por la noche.

Muchas mujeres me dicen: «Me acuesto a las once y él me sigue a la una o dos. Y luego me despierta porque quiere sexo». Eso es difícil, y extremadamente desconsiderado.

Antes de la llegada de la electricidad y de la Internet, todos tenían una hora para ir a la cama, tanto los niños como también sus padres. Si necesitabas ocho horas y media de sueño y tenías que levantarte a las seis y media, entonces te ibas a la cama a las diez y a menudo mucho más temprano, una vez que el sol se había puesto y la vela se consumía. Era bastante simple, y bastante civilizado.

¡Volvamos a la hora de dormir para adultos!

Sé que no todos pueden ir a dormir a la misma hora cuando hay turnos de trabajo. Sé que es un estilo de vida difícil, y mi esposo y yo lo hemos vivido toda nuestra vida de casados. Pero muchas personas están juntas en casa por la noche, y *aun así* no se acuestan juntos.

Cuando los padres tienen dificultades para hacer que un niño se duerma por la noche, ¿qué sugieren los expertos? Establecer una rutina para que el niño sepa lo que viene y tenga ese tiempo de transición entre el día y la noche para que pueda relajarse. Tal vez la rutina se ve así:

- Merienda
- Baño
- Historia
- Canción
- Oraciones
- Beso de buenas noches

Si queremos mejorar las relaciones sexuales, establecer una rutina de adultos para ir a acostarse puede ser una de las mejores cosas que podemos hacer porque nos hace ir, a tiempo, juntos a la cama.

Tal vez se parece a esto:

- Merienda (o una taza de té juntos)
- Bañarse o ducharse juntos
- Leer un capítulo de un libro o un artículo o un salmo juntos en voz alta
- Acurrucarse

- Orar
- Hacer el amor
- Dormir

Cada paso lleva al siguiente. Eso es lo que hace que sea una rutina, una cosa sigue a la otra, lo que te prepara para la cama.

Actualmente, lo único que lleva a algunas personas a la cama es que se duermen en el sofá, y luego eventualmente se despiertan y se mueven.

No es bueno.

Así que esta noche, para tu desafío, vamos a encontrar una nueva rutina de adultos para ir a dormir.

Desafío del día 28 para el mejor sexo

¡Primero, determina a qué hora deberías irte a dormir! Pregúntense a qué hora deben levantarse por la mañana. Cuenta hacia atrás al menos siete horas y media u ocho horas, que es el tiempo en el que deberías dormir. Cuenta hacia atrás otros cuarenta y cinco minutos, ese sería el momento en que deberías empezar tu rutina para ir a dormir.

Ahora planifica tu rutina de dormir. Hablen de estos temas: ¿Se permiten pantallas antes de dormir? Si no, ¿a qué hora deberías apagarlas? ¿Qué actividades cortas les gusta hacer por la noche que les ayuden a relajarse? Aquí hay algunas ideas:

- Bebe una infusión caliente.
- Lee un capítulo de un libro.
- Báñense juntos.
- Dense un masaje uno al otro.
- Planifiquen el día para mañana.
- Conversen sobre lo que harán mañana.
- Lean las Escrituras o alguna otra meditación.
- Oren.

Habla sobre cuáles de estas te gustaría incluir en una rutina para dormir. ¿En qué orden las harán?

Decide una rutina para dormir y pruébala esta noche.

MANTÉN TU DORMITORIO ACOGEDOR

Cuando nuestros hijos eran bebés, vivíamos en un pequeño apartamento de dos habitaciones. Nuestra computadora estaba en nuestro dormitorio. Nuestro edredón estaba desgastado y era bastante feo. De hecho, todo en esa habitación era viejo y bastante feo.

Un invierno, después de un año particularmente agotador durante el cual llorábamos la pérdida de nuestro pequeño hijo, decidimos ir al sur de vacaciones para recuperarnos. Cuando llegamos a casa y entramos por la puerta, vimos que mi madre y una amiga habían remodelado nuestro dormitorio con una nueva cobertura de cama, almohadas y una lámpara nueva.

Desafortunadamente, no pudieron sacar la computadora y todos los objetos sobrantes de nuestra habitación, pero aun así el pequeño esfuerzo que hicieron produjo una gran transformación. Cuando entré en nuestro dormitorio, ¡ya no me sentí deprimida!

Si vas a seguir adelante con los cambios en tu vida sexual, necesitas tener un lugar divertido para conectarte, y eso significa tener un dormitorio acogedor. Si tu cómoda está cubierta con viejos recibos de Visa, si las cajas de artesanía están apiladas en un rincón, si tu ropa de cama está desgastada y es fea y tus almohadas están abultadas, entonces meterse en la cama no es muy divertido. Y si piensas que tu cama es el mejor lugar para doblar la ropa—porque es grande y está a la altura justa—pero esa ropa nunca se guarda y cada noche la vuelves a tirar al suelo, entonces meterse en la cama no será algo sin estrés.

Si tienes resquemor de entrar en tu dormitorio porque es un desastre, o si es tan feo que suspiras cuando entras, entonces es hora de realizar un cambio.

Pero el desorden y la lavandería no son las únicas cosas que pueden hacer que nuestros dormitorios no sean románticos. ¿Qué pasa con las computadoras y los televisores? Si metes una pantalla en el dormitorio, lo más probable es que te quedes mirándola en lugar de mirar a tu cónyuge. En lugar de hablar y acurrucarse, verás el episodio completo de *La ley y el orden*. Eso no es muy propicio para el romance. El trabajo tampoco es tan romántico. Revisar los archivos en la cama no te ayuda en el departamento de relaciones.

Así que trata de eliminar las pantallas, el desorden y el trabajo de tu dormitorio, y mantenlo como un oasis atractivo, lejos del resto del mundo. Que sea un refugio donde puedan escapar, solo ustedes dos.

Desafío del día 29 para el mejor sexo

Mira alrededor de tu dormitorio. ¿Es atractivo? ¿Por qué sí o por qué no? ¿Tienes un televisor en tu habitación? ¿Sueles traer computadoras o teléfonos móviles? ¿Qué hay del trabajo? Discutan entre ustedes cómo se sienten y cómo les gustaría que fuera la atmósfera en su dormitorio.

Ahora, ¿cómo pueden traer la paz y la diversión a su dormitorio? ¿Necesitas ropa de cama nueva? ¿Nuevas reglas sobre lo que se permite en su dormitorio?

Una vez que hayan decidido lo que les gustaría hacer, hagan una cita para hacerlo. Si tu dormitorio necesita ser limpiado, fija la fecha en que estará limpio. Si necesitas comprar nueva ropa de cama o nuevas almohadas, decide cuándo lo harás, y empieza a comprar en línea ahora mismo, o ponlo en el calendario si vas a ir en persona. Gastar dinero en tu dormitorio no es una extravagancia egoísta; lo mejor que puedes hacer por tu familia es construir un matrimonio fuerte. Prioriza eso, y todo lo demás encajará en su lugar.

EL SEXO DESPUÉS DE LA PATERNIDAD

El sexo es obviamente el comienzo de la paternidad, pero para muchas parejas la paternidad es a menudo el final del sexo.

¿Cómo puedes mantener tu vida sexual renovada cuando tus hijos están colgados de ti, estás exhausta y necesitas algo de tiempo para ti misma? Durante los últimos veintinueve días te has concentrado en el sexo y lo has convertido en una prioridad. Pero para que estos nuevos hábitos se te «peguen», tienes que cambiar tus patrones para que los obstáculos a una vida sexual sana se reduzcan al mínimo. Y para los que tenemos niños en casa, la crianza de los hijos puede ser uno de los mayores obstáculos.

El desafío de hoy está diseñado para aquellos con hijos de cualquier edad en la casa. Si no tienes hijos en la casa, puedes saltar este tema. Pero si tus días como padre aún están por delante, sigue leyendo para que puedas hablar y planear cómo te gustaría manejar algunos de estos desafíos.

Priorizar el matrimonio

Cuando hablo en las conferencias de mujeres, a menudo les pregunto: «¿Eres una mejor esposa o madre?». Alrededor del ochenta por ciento de las mujeres en el salón creen que son mejores madres. Tiene sentido.

Estos pequeños seres nos necesitan tanto, y los amamos tanto, que los hijos rápidamente arrebatan la gran mayoría de nuestra energía. Nuestros esposos reciben las sobras. Los hombres también pueden verter tanto en sus hijos que no queda mucho para sus esposas.

Sin embargo, una vez que tienes hijos, tu matrimonio es aún más importante, no menos. Otras personas dependen de que los dos juntos sean sólidos como una roca. El matrimonio de ustedes es la base de sus pequeñas vidas. Se deben el uno al otro y a sus hijos el anteponer su matrimonio sobre todo lo demás.[7]

Mantén el dormitorio seguro

Si vas a construir un buen matrimonio, necesitas un lugar seguro en la casa donde puedan estar solos, solos ustedes dos.

Cuando mi hija menor tenía seis años, mi esposo y yo estábamos disfrutando de un buen rato en la cama cuando oímos esos pasos reconocidos por el pasillo. Nos congelamos, nos cubrimos con la sábana y agradecimos que cuando ella movió la perilla de la puerta nos dimos cuenta de que estaba cerrada. «¡Está bien!» ella gritó, y la oímos volver al final del pasillo. Aliviados, reanudamos, hasta que unos tres minutos más tarde la puerta se abrió de golpe y la oleada de sábanas comenzó de nuevo. Resulta que a los seis años tienen la edad suficiente para saber cómo abrir una cerradura, pero no para entender que no se debe abrir.

¡Mantén una buena cerradura en la puerta de tu dormitorio! Siempre puedes destrabarla después de que el romance terminó, pero asegúrate de que los niños no puedan irrumpir en momentos inoportunos.

Los problemas no terminan cuando los niños crecen. La vida con los adolescentes suele ser aún más difícil porque los adolescentes tienden a quedarse despiertos mucho más tarde que tú. *Y saben lo que está pasando.* Una amiga compartió su historia conmigo. Ella y su esposo habían disfrutado de un buen momento y, cuando terminaron, se acostaron a hablar. Pero la música de su hija adolescente estaba tan alta que no podían escucharse. Él se levantó de la cama, abrió la puerta y gritó: «Jen, ¿cuántas veces tengo que decirte que bajes la música?». Ella le gritó: «¡Papá, está así de alta por una razón! ¡Qué asco!».

Puedes animar a tus adolescentes a tomar trabajos a medio tiempo para que estén fuera de casa más seguido. Puedes animarlos a que estén en sus habitaciones a una hora determinada para que todos puedan tener privacidad. Pueden animarlos a todos a salir con el grupo de jóvenes o a alguna otra actividad que les deje la casa solo para ustedes.

Pero afrontémoslo. Por mucho que intentes conseguir algo de privacidad, no puedes restringir tu vida sexual a solo cuando los adolescentes están fuera, o tu vida sexual puede rápidamente llegar a ser inexistente. Entonces, ¿qué tal un cambio de perspectiva? Por mucho que nos avergüence que nuestros hijos sepan lo que hacemos, una vida sexual sana es un modelo de relación sana. Y les da una sensación de estabilidad.

No detengas tu vida sexual porque te avergüences de lo que tus hijos puedan escuchar. Obviamente no quieres anunciarlo, pero si lo descubren, no es el fin del mundo. Los mejores padres dan asco a sus hijos, porque les muestran que el matrimonio no es el lugar donde el sexo va a morir. Las personas casadas pueden amarse y seguir apasionándose el uno por el otro.

Sí, aprendan a ser silenciosos. Enciendan la radio para amortiguar el ruido si es necesario. Pero, sobre todo, recuerden que su matrimonio es lo primero, y los hijos no se asustarán al saber que sus padres aún están apasionados el uno con el otro.

Mantén el dormitorio libre de niños

Si tienes hijos más pequeños, también te recomiendo que mantengas el dormitorio libre de niños. Cuando los bebés nacen, los pediatras recomiendan que duerman en un moisés o en una cuna al lado de la cama. Pero a medida que crecen, creo que es mejor trasladar a los niños a sus propias habitaciones. Las directrices actuales establecen que esto se puede hacer a los seis meses de edad.[8] A esa edad, los niños suelen aprender a dormir toda la noche, y aprender a tranquilizarse es una habilidad importante que les da seguridad.

Sé que no todos los padres están de acuerdo con esto, pero muchas familias insisten en «compartir la cama», esto es un acuerdo de meter a los bebés y a los hijos pequeños en la cama con los padres. Si eso es lo que los dos están de acuerdo que es lo mejor, es su prerrogativa.

Sin embargo, me gustaría ofrecer algunas advertencias. En primer lugar, muy a menudo uno de los cónyuges está comprometido con este arreglo mientras que el otro no lo está. Eso no es justo. Si uno de los cónyuges realmente quiere el dormitorio para la pareja, ese deseo importa.

La segunda advertencia es que es difícil tener una vida sexual activa y saludable cuando los niños están en la cama. Algunas mamás me han dicho: «¡Sheila, no necesitas tener sexo en el dormitorio! ¡Nosotros decidimos tener buen sexo en otro lugar de la casa!». Eso es maravilloso. Pero el asunto es que muchas veces las parejas empiezan a hacer el amor sin haberlo planeado de antemano porque estaban en la cama solo conversando, y de ahí las cosas sucedieron. Si tienes niños en la cama, esa espontaneidad fácil y discreta desaparece. Cada vez que pones una barrera al sexo, haces que sea menos probable que ocurra. Como hablamos antes, has aumentado el precio de los «insumos» del sexo.

Esto no significa que *no puedas* tener una buena vida sexual si tus hijos duermen contigo. Simplemente significa que nunca tendrás una vida sexual tan buena como la que tendrías si tus hijos estuvieran en sus propias habitaciones. Por favor, piensa cuidadosamente en tu matrimonio antes de decidir dejar que los niños duerman contigo sin un fin en mente. Y si estás en el punto en el que te gustaría sacarlos de tu cama, pero no sabes cómo, ¡una búsqueda rápida en Google te dará muchas ideas!

Establece «tiempo en pareja» por las tardes o las mañanas

Dedicar tiempo para estar juntos como pareja es vital. Fijar una hora regular para esto en tu calendario hace más fácil asegurarse de que suceda. Cuando los niños saben que deben esperar tu «tiempo en pareja», no es gran cosa.

Así que organiza una «noche en pareja» una vez a la semana, donde los niños cenen temprano y luego jueguen en sus habitaciones para que ustedes dos solos puedan tener una cena más relajada. O establecer «mañanas en pareja» los sábados, cuando los niños pueden ver la televisión durante unas horas para que puedan estar juntos. Encuentren momentos para ustedes, y establézcanlos para que los niños sepan qué esperar.

Desafío del día 30 para el mejor sexo

Hablen honestamente el uno con el otro sobre la manera en que los niños están obstaculizando su vida sexual. Comprométanse juntos a que su matrimonio sea lo primero, y busquen la manera de encontrar un tiempo a solas, sin importar la edad de sus hijos. Pregúntense entre ustedes: ¿Crees que pongo demasiado énfasis en los niños y no lo suficiente en ti? Escucha humildemente la respuesta. Entonces, hagan una lluvia de ideas juntos: «¿Cómo podemos apartar un tiempo para estar juntos en pareja?» o «¿Cómo podemos hacer de nuestro dormitorio un lugar seguro para nosotros?». Identifica algunos pasos concretos que puedes tomar para que tu tiempo en pareja sea sagrado y seguro.

Celebra

¡Han llegado al último día de nuestro desafío de 31 días! Espero que este mes les haya sido útil para abrir las líneas de comunicación, descubrir nuevas cosas sobre tu cónyuge (y sobre ti misma) y vivir nuevas experiencias emocionantes.

En este, nuestro último día, quiero que los dos celebren su relación y lo lejos que han llegado juntos. Y los invito a ambos a mirar hacia adelante, y no hacia atrás. Esta mentalidad es clave para que el crecimiento y el éxito que has tenido hasta ahora continúen.

Imagina este escenario: Una esposa se da cuenta de que, durante la mayor parte de su matrimonio, no ha sido generosa sexualmente con su marido. Quiere que las cosas sean diferentes. Al mismo tiempo, él ha estado reteniendo el afecto porque no se siente amado. Ambos se lo confiesan el uno al otro y resuelven seguir juntos avanzando. ¡Están entusiasmados!

Por unas noches, las cosas van de maravilla. Pero una noche ella está muy cansada y tiene dolor de cabeza. Quiere irse a dormir. Él piensa: «Ahí va, otra vez con lo mismo. Dijo que quería cambiar, pero no lo hará. Esto no durará». Y él se enfada. Ella sabe que está enfadado y piensa: «No le importa lo que hice toda la semana. ¡Lo único que piensa es en el sexo!». Volvieron a los viejos patrones.

¡No dejes que esa sea tu historia! Si tu cónyuge ha dicho que quiere cambiar, entonces de ahora en adelante, comprométete a ver a tu cónyuge a través de la lente de su nuevo compromiso, no de la lente de tu experiencia anterior. Si ella dijo que quiere cambiar, y está cambiando, entonces perderte un par de noches de sexo cuando ella tiene dolores de cabeza no debería ser un gran problema. Pero si estás obsesionando con el pasado, lo será.

Tal vez siempre has dudado sobre si tu esposa realmente te quiere. Quizás siempre has dudado de si tu esposo te ama de verdad. Tal vez te preguntes si sigue pensando en la pornografía y no en ti. Tienes que dejar esos pensamientos en el pasado. Si tu cónyuge dice que quiere un nuevo comienzo, y ha tomado medidas concretas para demostrarlo, ¡créelo! Este mes has pulsado el botón de reinicio en tu vida íntima y en tu matrimonio, sigue adelante.

Caminar hacia adelante es más fácil de hacer si realmente cambias tus patrones. ¿Recuerdas que al principio de los 31 días sugerí que aprendas a despertar tu cuerpo y redescubrirse el uno al otro? Es un ejercicio maravilloso para repetir regularmente. Te ayuda a descubrir cosas nuevas sobre el otro, pero también evita que sigas haciendo lo «típico», ya sea apresurándote en el sexo o tocándose el uno al otro de maneras que tal vez pensaste que eran placenteras, pero en realidad no lo son. Reencontrarse con el cuerpo del otro como si lo hicieran por primera vez les ayuda a ver su nueva vida sexual como algo separado de los viejos patrones que ustedes seguían antes de este desafío.

¡Y luego continuar probando cosas nuevas! Si has tenido la tendencia a hacer el amor de cierta manera, intenta algo diferente. Usa una posición diferente, una habitación diferente, incluso a una hora diferente del día. De vez en cuando cambien las cosas para evitar caer en los antiguos patrones, mentalidades poco saludables sobre el sexo o pensamientos negativos hacia tu cónyuge. Cuando hubo daño o desconfianza, es difícil dejar eso atrás. El cambio les hace decir entre ustedes: Este es un nuevo comienzo. Ahora estamos caminando hacia adelante de una manera diferente, con una perspectiva diferente.

Espero que hayas aprendido algo y que en este mes hayas tenido buenas experiencias. Tal vez han hablado juntos sobre factores importantes en la salud de su matrimonio. Lleva eso contigo. Esta noche, en tu desafío, celebrarán de dónde han partido, lo que han disfrutado y cómo planean seguir adelante.

Desafío del día 31 para el mejor sexo

Primero, el lado práctico del desafío. ¿Cuáles serían dos o tres ideas simples que puedes poner en práctica para asegurarte de no perder el impulso que has construido? Tal vez sean hábitos como sacar la televisión del dormitorio o ir a dar un paseo después de la cena. O quizás adoptas la «Regla de 3», donde cambias de posición sexual al menos cada cuarta vez. Escriban sus ideas y compártanlas entre ustedes.

Ahora sobre el lado romántico. Escribe una carta detallada a tu cónyuge, cubriendo estas cuatro áreas:

- Esto es lo que me gusta del sexo contigo.
- Esto fue lo que hicimos este mes que me pareció más sexi.
- Esto fue lo que este mes me hizo sentir más cerca de ti.
- Esto es lo que estoy esperando en nuestra vida sexual.

Compartan sus cartas entre ustedes. Escribir las cosas significa que puedes guardar las cartas y mirarlas de nuevo más adelante. Si no eres una persona que escribe, conversa con las preguntas. Pero recuerda: ¡Siempre vale la pena hacer un esfuerzo adicional!

Mi última palabra

Estoy tan contenta de que se hayan embarcado en este viaje juntos. Mi deseo es ver que los matrimonios prosperen para que las familias y las comunidades puedan prosperar también. Y el sexo está al centro de todo eso. A medida que aprendemos a experimentar la verdadera intimidad y pasión, va a tener sorprendentes efectos de onda expansiva en otras áreas de nuestras vidas. Es mi oración que esta haya sido una experiencia positiva en tu matrimonio, y oro que a partir de esto tu matrimonio se fortalezca.

Apéndice

Cómo encontrar un consejero si necesitas más ayuda

Debido a que el sexo es muy personal y vulnerable, cuando tenemos problemas en la relación o traumas pasados, podemos necesitar ayuda profesional para llegar a un lugar saludable. Siempre recomiendo a las parejas que tienen dificultades que encuentren a alguien especialmente capacitado con quien hablar, porque detesto ver a las parejas atascadas.

Sin embargo, un mal asesoramiento a menudo puede ser peor que no recibir ningún tipo de asesoramiento, por lo que, si buscan asesoramiento, aquí tienen cuatro consejos para encontrar un consejero que pueda ayudarles.

Verifica sus credenciales

Lo ideal es buscar un consejero licenciado que esté capacitado para lidiar con problemas matrimoniales y sexuales. Los consejeros licenciados tienen una formación específica en terapias basadas en pruebas, comprenden la naturaleza y la realidad del trauma y la enfermedad mental, y suelen estar capacitados para tratar las cuestiones del abuso. Los terapeutas matrimoniales y familiares autorizados, los trabajadores sociales autorizados, los psicólogos clínicos autorizados y los psiquiatras tienen directrices éticas y profesionales que deben cumplir, entre ellas la de respetar la privacidad de los clientes, o corren el riesgo de perder su acreditación. En la mayoría de las ciudades se pueden encontrar cristianos con estas credenciales, y cada vez más, muchos consejeros cristianos con licencia también aconsejan a través de Skype.

Sin embargo, muchas personas se llaman a sí mismas consejeras sin tener licencias, especialmente las que están empleadas por una iglesia. Mi regla general es esta: no vayas a un consejero que tiene credenciales que el mundo secular no consideraría válidas. Muchas veces en la iglesia permitimos los atajos porque queremos apoyar a la gente en su ministerio, incluso si el ministerio incluye que sean responsables de la salud y el bienestar de otra persona. Sin embargo, tú no irías a un médico o una enfermera que tiene menos formación simplemente porque son cristianos. Necesitamos tener los mismos estándares para nuestros consejeros y profesionales de la salud mental en la iglesia, porque ellos también tratan con temas sensibles e importantes que requieren una gran cantidad de entrenamiento y experiencia para manejarlos responsablemente.

Por cierto, esto no excluye a los consejeros formados por las universidades cristianas. Muchas universidades cristianas tienen programas de consejería que están totalmente acreditados por las escuelas de psicoterapia en EE. UU. y Canadá. Pregúntale a tu consejero dónde se formó y qué licencias tiene, y no tengas miedo de buscarlos en Google para comprobar sus cualificaciones.

Asegúrate de que la confidencialidad está asegurada

Los consejeros, psicólogos y psiquiatras autorizados deben respetar la confidencialidad, de lo contrario pierden sus licencias. Solo pueden romper la confidencialidad si temen que su cliente corra el riesgo de hacerse daño a sí mismo o a otros, o si se revela un delito que deben denunciar a la policía.

Por otro lado, en muchas situaciones de la iglesia en las que se utilizan consejeros sin licencia, se exige que los clientes firmen un formulario de consentimiento que permite al consejero romper la confidencialidad e informar a los pastores o ancianos si tienen alguna preocupación o si hay áreas de «pecado continuo» (que no suele definirse). Dada la naturaleza sensible de lo que puedes hablar con el consejero, es mejor evitar estas situaciones.

Elige a alguien especialmente capacitado en tu área de necesidad

El asesoramiento para el abuso requiere una formación especializada en terapias específicas basadas en pruebas o en tratamientos que han sido estudiados científicamente y que han demostrado tener resultados positivos. Pero no todos los consejeros tienen ese entrenamiento. Si buscas un consejero específicamente para tratar el trastorno de estrés postraumático por abuso, pregúntale si tiene alguna formación específica en estas terapias con un historial comprobado, y pregúntale cuáles son.

No todos los consejeros están capacitados para tratar con el abuso en el matrimonio. Si temes que estás en un matrimonio abusivo, pregúntale qué tipo de formación tiene en el trato del abuso, y también cómo define el abuso emocional. Desafortunadamente, muchos programas de consejería de la iglesia no han manejado el abuso apropiadamente en el pasado, o han minimizado la realidad del abuso emocional. Si esta es tu historia, haz buenas preguntas antes de empezar. Los consejeros eficaces y seguros saben que no se debe recurrir a la terapia de pareja cuando se trata de matrimonios abusivos, sino que solo es apropiada la terapia individual, ya que la terapia de pareja a menudo permite al abusador volver a traumatizar a su cónyuge. El abuso no es una cuestión de matrimonio, sino de carácter, y debe ser tratado como tal.

Siéntete libre de irte si no crees que el consejero es una buena opción

Finalmente, una relación de asesoramiento no es un compromiso. Estás buscando asesoramiento para mejorar tu matrimonio, tu salud mental y emocional. Si sientes que un consejero no te está ayudando, o que está empeorando activamente tu situación, no dudes en encontrar a alguien que se adapte mejor para ti.

NOTAS

1. El blog de Sheila: https://tolovehonorandvacuum.com.
2. Para un excelente recurso sobre este tema, ver Bruxy Cavey, Reunión: The Good News of Jesus for Seekers, Saints and Sinners (Harrisonburg, VA: Herald, 2017).
3. Pamela Rogers y Ana Gotter, «The Health Benefits of Sex» [Los beneficios para la salud del sexo], Healthline, 29 de julio, 2016, https://www.healthline.com/health/healthy-sex-health-benefits.
4. Eliana V. Carraca et al., «Body Image Change and Improved Eating Self-Regulation in a Weight Management Intervention for Women», International Journal of Behavioral Nutrition and Physical Activity 8 (Julio 2011): 75.
5. David Schultz, «Divorce Rates Double When People Start Watching Porn», Science, 26 de agosto de 2016, https://www.sciencemag.org/news/2016/08/divorce-rates-double-when-people-start-watching-porn.
6. Michael Castleman, «Desire in Women: Does It Lead to Sex? Or Result from It?» Psychology Today, 15 de julio de 2009, https://www.psychologytoday.com/us/blog/all-about-sex/200907/desire-in-women-does-it-lead-sex-or-result-it.
7. Esta afirmación de que el matrimonio es anterior a los hijos es cierta para la mayoría de los matrimonios que son saludables. La seguridad de los hijos, sin embargo, es siempre primordial. Los niños también se ven perjudicados al presenciar el abuso de su madre. Este libro no tiene la intención de corregir un matrimonio abusivo, y para aquellos en una situación así, por favor, busquen ayuda.
8. «American Academy of Pediatrics Announces New Safe Sleep Recommendations to Protect against SIDS, Sleep-Related Infant Deaths», American Academy of Pediatrics, 24 de octubre de 2016, https://www.aap.org/en-us/about-the-aap/aap-press-room/Pages/American-Academy-of-Pediatrics-Announces-New-Safe-Sleep-Recommendations-to-Protect-Against-SIDS.aspx.